지도로 볼 수 없는 우리 땅을 알려 줄게

초판 1쇄 발행 2017년 11월 30일
초판 8쇄 발행 2023년 12월 29일
글쓴이 | 홍민정
그린이 | 안녕달
펴낸이 | 김사라
펴낸곳 | 해와나무
출판 등록 | 2004년 2월 14일 제312-2004-000006호
주소 | 서울특별시 영등포구 양산로23길 17 2층
전화 | (02)364-7675(내용), 362-7675(구입)
팩스 | (02)312-7675
ISBN 978-89-6268-168-0 73980

ⓒ 홍민정, 안녕달 2017

• 값은 뒤표지에 있습니다.
• 책 내용의 일부 또는 전부를 인용하거나 발췌하려면 반드시 저작권자와 출판사 양측의 서면 동의를 구해야 합니다.

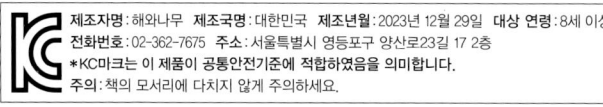

지도로 볼 수 없는 우리 땅을 알려 줄게

홍민정 글 · 안녕달 그림 · 진종헌 감수

해와나무

● 추천사

우리 땅의 소중함을
생태적 관점에서 친절히 설명해 주는 책!

환경의 중요성을 이해하기 위해서는 자연 생태의 기본 법칙을 알아야 할 뿐만 아니라 자연 요소가 우리 인간의 생활과 어떻게 관련되어 있는가를 잘 알아야 합니다. 그 이유는 자연과 인간의 관계를 깨달아야만이 인간이 자연환경으로부터 얻을 수 있는 기쁨과 가치를 구체적으로 알 수 있기 때문입니다. 그래야 자연환경을 훼손했을 때 잃어버리게 되는 것이 무엇인지도 정확히 알 수 있습니다.

이 책은 우리의 자연환경이 얼마나 소중한 것인가를 어린이들이 쉽게 이해할 수 있도록 생생한 사례를 통해 잘 보여 주고 있습니다.

우리 자연환경을 산과 숲, 강과 호수, 바다와 섬, 논과 밭, 갯벌과 늪, 길과 다리로 나눠 꼼꼼하고 친절하게 비교하여 설명해 줌으로써 땅의 구체적인 쓰임새에 대해 유기적으로 알 수 있게 해 줍니다.

우리가 일반적으로 생각할 수 있는 산이나 강 외에 논밭과 같은 인간 문화 양식의 중요한 요소를 같이 다루고 있는 점은 특히 돋보입니다. 논이나 밭은 원래 자연이었던 것을 인간이 필요에 따라 개간하여 인간 문화의 한 부분으로 만든 것으로, 이런 것을 문화 경관이라고 말할 수 있습니다. 이처럼 논밭과 같은 문화경관에 대한 이해를 갖는 것은 환경을 '인간-자연'의 상호 관계로 이해하는 데도 좋은 사례가 됩니다.

또한 세계와 우리나라의 다양한 사례를 들어 주제를 설명함으로써 생생한 이해를 돕습니다. 예를 들면, 호수를 설명할 때 캄보디아의 톤레사프 호수에서 충주호에 이르는 사례들은 생생한 지리 지식을 통해 환경문제를 이해할 수 있는 좋은 방식입니다. 그리고 이해를 돕는 그림과, 환경 관련 용어를 친절하게 설명해 주는 환경 가치 사전은 책 속 부록이라 할 만합니다.

학교 현장에서 사용할 때에는 선생님이나 전문가의 보충 설명과 독서 지도가 같이 이루어진다면, 학생들이 우리 땅을 이해하는 데 큰 도움이 될 것입니다.

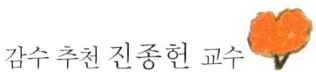

감수 추천 진종헌 교수

● 들어가는 말

이제부터 우리 땅을 같이 걸어 볼까요?

저는 하루에 두 번 반려견 행복이를 데리고 산책을 해요. 밖에 나가면 녀석은 여기저기 냄새를 맡으며 느긋하게 걸어요. 어디선가 새소리가 들리면 귀를 쫑긋 세우고, 나무 사이를 뛰어다니는 청설모를 발견하면 '멍멍' 짖어요. 어쩌다 고양이를 만나면 쫓아가려고 난리지요. 행복이한테 바깥세상은 호기심 천국이에요.

행복이와 산책하는 동안은 저도 평소와 다른 눈으로 세상을 보게 돼요. 운이 좋으면 개미 두 마리가 낑낑대면서 과자 부스러기를 들고 가는 모습을 볼 수 있어요. 납작하게 말라붙은 지렁이를 옮길 땐 더 많은 개미들이 힘을 모아요. 아침까지 나뭇가지에 매달려 있던 꽃이 저녁에 가 보면 나무 밑에 떨어져 있어요. 엊그저께까지만 해도 초록색이던 열매가 빨갛게 익은 걸 보면 신기하기만 해요.

이런 변화는 모두 스스로 일어나요. 사람의 힘이나 노력이 필요하지 않지요. 이처럼 사람의 힘이 더해지지 않고 저절로 생겨난 산, 강, 바다, 식물과 동물을 자연이라고 해요. 그것들이 이루는 땅의 모습이나 성질을 일컬을 때도 자연이라는 말을 쓰고요.

  사는 곳에 따라 다르지만 우리는 모두 자연환경에 둘러싸여 생활하고 있어요. 집 주변에는 산과 숲이 있고, 차를 타고 얼마쯤 가면 강이나 호수에 닿아요. 조금 더 멀리 가면 바다를 만날 수도 있고, 배를 타고 육지와 뚝 떨어진 섬에 가기도 해요. 어떤 마을은 논과 밭이 넓게 펼쳐진 곳에 자리 잡고 있어요. 그리고 이런 자연환경은 수많은 길과 다리로 이어져 있지요.

  이 책은 우리가 발 딛고 살아가는 우리 땅에 대한 이야기를 담고 있어요. 하지만 우리 땅이라고 해서 우리들만의 땅이라고는 할 수 없어요. 그곳에는 우리가 관심을 가질 때나 그렇지 않을 때나 묵묵히 그곳을 지켜 온 땅 지킴이들이 살고 있거든요.

  저는 여러분이 천천히 산책하는 기분으로 이 책을 읽으면 좋겠어요. 느릿느릿 읽고, 읽다가 잠깐 멈추기도 하고요. 그러다 보면 이전에는 미처 보지 못했던 자연의 모습을 볼 수 있을 거예요. 그리고 우리 땅이 우리들만의 땅이 아닌 까닭도 깨닫게 될 거고요. 자, 그럼 이제부터 같이 걸어 볼까요?

작가 홍민정

- 추천사 …… 4
- 들어가는 말 …… 6

1. 산과 숲 …… 10

- 뾰족뾰족 솟은 산 …… 14
- 다복다복 우거진 숲 …… 20
- 지도 위 우리 땅 우리나라 최초의 국립공원, 지리산 국립공원 …… 19
  생물 다양성의 보물 창고, 국립 수목원 …… 25
- 환경 가치 사전 …… 26

2. 강과 호수 …… 28

- 굽이굽이 흐르는 강 …… 32
- 가만가만 잠자는 호수 …… 40
- 지도 위 우리 땅 민족의 역사와 함께 흐른 강, 한강 …… 39
  우리나라에서 가장 크고 깨끗한 인공 호수, 충주호 …… 47
- 환경 가치 사전 …… 48

3. 바다와 섬 …… 50

- 철썩철썩 파도치는 바다 …… 54
- 조용조용 바라보는 섬 …… 60
- 지도 위 우리 땅 파도와 바람이 빚은 한려 해상 국립공원 …… 59
  섬 전체가 천연기념물, 홍도 …… 65
- 환경 가치 사전 …… 66

4. 논과 밭 ······ 68

- 무럭무럭 자라는 논 ······ 72
- 주렁주렁 열리는 밭 ······ 78
- 지도 위 우리 땅 슬로시티 청산도, 구들장 논 ······ 77
  　　　　　　　　보릿고개의 멋진 변신, 고창 청보리밭 ······ 83
- 환경 가치 사전 ······ 84

5. 갯벌과 늪 ······ 86

- 뻐끔뻐끔 숨 쉬는 갯벌 ······ 90
- 자작자작 잠기는 늪 ······ 96
- 지도 위 우리 땅 사계절이 아름다운 곳, 순천만 자연 생태 공원 ······ 95
  　　　　　　　　국내 최대의 내륙 습지, 창녕 우포늪 ······ 101
- 환경 가치 사전 ······ 102

6. 길과 다리 ······ 104

- 여기저기 뻗은 길 ······ 108
- 이쪽저쪽 잇는 다리 ······ 114
- 지도 위 우리 땅 멋과 재미가 가득, 괴산 산막이 옛길 ······ 113
  　　　　　　　　천 년의 역사, 진천 농다리 ······ 121
- 환경 가치 사전 ······ 122

가방 속에서 200년을 산 씨앗

산과 숲이 하는 일

　사람들은 식물이 매우 약한 존재라고 생각해요. 잎과 줄기는 작은 바람에도 흔들리고 나뭇가지는 손으로 꺾이지요. 꽃은 잠깐 피었다가 이내 시들고, 열매는 힘주어 밟으면 바스락 뭉개져요. 하지만 식물은 보기와 달리 엄청난 힘을 지니고 있어요. 추운 겨울, 앙상하게 가지만 남은 나무와 꽁꽁 언 땅에 뿌리를 박고 있는 풀포기가 봄이 되면 파릇파릇 새순을 틔우는 게 바로 그 증거예요.

　산과 숲은 아주 작은 씨앗에서부터 시작돼요. 작고 보잘것없는 씨앗들에서 수많은 생명이 태어나고 자라지요. 인간은 이렇게 만들어진 산과 숲으로부터 많은 도움을 받고 있어요. 국립산림과학원이 조사한 결과에 따르면, 2014년 한 해 동안 산과 숲은 126조 원의 공익적 가치를 만들어 냈어요. 국민 한 사람당 249만 원어치의 혜택을 받은 셈이에요. 그중 산소를 만들어 냄으로써 생긴 가치는 13조 6천억 원이나 돼요.

　산과 숲이 없다면 우리의 생활에 어떤 일이 생길까요? 연필, 공책, 의자, 책상, 피아노처럼 나무로 만든 물건은 구하기 힘든 귀한 물건이 될 거예요. 열매나 버섯, 산나물도 먹기 어려울 테고요. 나무가 없으니 지금 읽고 있는 이 책도 볼 수 없겠네요. 산과 숲이 없으면 어떨지 상상이 되나요?

뾰족뾰족 솟은 산

오랜 시간에 걸쳐 만들어지는 산

도시에서 생활하는 친구들은 산과 숲이 멀리 떨어져 있다고 생각하기 쉽지만 그렇지 않아요. 우리나라 지형을 찍은 위성 지도를 살펴보면 어디에나 짙은 초록색이 땅 전체에 넓게 퍼져 있어요. 곳곳에 산과 숲이 있기 때문이죠.

산과 숲은 어떻게 다를까요? 산은 평지보다 높이 솟아 있는 땅이에요. 풀과 나무가 울창하게 우거진 곳도 있지만, 나무 한 그루 없는 벌거숭이산도 있지요. 숲은 '수풀'을 줄인 말로, 나무들이 빽빽하게 들어찬 곳을 가리켜

요. 숲은 산에도 가꿀 수 있고, 평평한 땅에도 가꿀 수 있어요. 공원이나 건물 사이의 빈 땅에도 숲을 만들 수 있지요.

우리나라는 국토의 약 70퍼센트가 산이에요. 작고 야트막한 산부터 남한에서 가장 높은 한라산, 한반도에서 가장 높은 백두산까지 높이도 크기도 제각각이지요. 저 혼자 뚝 떨어져 있는 외톨이 산이 있는가 하면, 끊어질 듯 끊어질 듯 이어진 산도 있어요. 산이 연속되어 나타나는 지형을 '산맥'이라고 해요. 우리나라에서 가장 긴 산맥은 태백산맥이고, 길이는 600킬로미터예요.

맨 처음 어떻게 해서 산이 생겨났는지 궁금하지요?

산은 여러 가지 활동으로 만들어져요. 아주 먼 옛날, 바닷속에서 쌓인 지층이 서로 밀어내면서 땅덩어리가 불쑥 솟아올라 산이 되기도 하고, 화산이 폭발할 때 나온 용암이 굳거나 화산재가 쌓여 산이 만들어지기도 해요. 땅속에 있는 마그마가 땅을 힘껏 밀어 올려서 산이 솟아나기도 하고요. 어떤 방법이든 산 하나가 만들어지려면 아주 오랜 시간이 필요해요.

• **마그마** 땅속 깊은 곳에서 암석이 지구의 열에 녹아 반액체로 된 물질.

동물들의 겨울잠을 깨우는 소리, "야호!"

멋지고 아름다운 산은 멀리서 바라만 봐도 기분이 좋아져요. 그래서인지 산에 오르는 사람이 참 많아요. 우리나라의 산은 물론 세계적으로 이름난 높은 산에는 해마다 수많은 사람들이 정상에 오르는 도전을 하지요.

그런데 산도 사람을 좋아할까요? 산의 입장에서 보면 사람들이 반갑지 않을 거예요. 사람들의 발길이 산속 생물들에게는 위협이 되기도 하니까요. 무심결에 나뭇가지를 꺾거나 쓰레기를 버리기도 하고, 산짐승의 겨울 양식인 도토리를 몽땅 쓸어 가기도 하지요. 사람들이 산꼭대기에 올라 기분 좋게 지르는 "야호!" 소리는 짝짓기를 하거나 겨울잠을 자는 동물에게 큰 해가 돼요.

그런데 무엇보다 산을 정말 괴롭게 하는 일은 따로 있어요. 개발을 한다는 이유로 산을 마음대로 뚫고 잘라서 망가뜨리는 일이에요. 길을 낼 때 산에 가로막히면 구멍을 뚫어 터널을 만들어요. 산을 케이크 자르듯이 싹둑 잘라 내고 골프장이나 스키장을 짓기도 하고요. 산꼭대기까지 편하고 빠르게 올라가기 위해 케이블카 같은 시설도 설치해요. 사람들은 편리해지지만 산은 고통스러워져요. 산이 망가지면 산속 생태계도 함께 파괴돼요. 그리고 그 영향은 고스란히 우리에게 다시 돌아오게 되지요.

나무도 쉬고, 산도 쉬고

나무야 나무야 서서 자는 나무야/ 나무야 나무야 다리 아프지/
나무야 나무야 누워서 자거라

동요 '나무야'의 노랫말이에요. 나무는 늘 서 있지만 노래처럼 정말 다리가 아프지는 않을 거예요. 하지만 나무도 산도 쉬어야 할 때가 있어요. 그래서 마련한 것이 바로 '자연 휴식년제'예요. 자연 휴식년제는 생태계를 보존하기 위해 망가질 위험이 있는 지역을 지정해서 일정 기간 동안 사람의 출입을 제한하는 제도예요. 이 제도를 실시한 대부분의 지역에서 땅이 부드러워지고, 땅바닥을 낮게 덮는 지피 식물이 자라는 효과가 나타났어요.

지리산 칠선 계곡은 폭우로 무너지고 끊어진 등산로를 되살리기 위해 1998년부터 자연 휴식년제에 들어갔어요. 무려 십 년 간 등산객의

출입이 통제되었지요. 산은 이 휴식 시간을 보내고 몰라보게 달라졌어요. 멸종 위기에 처했던 동식물의 수가 늘어났고, 반달가슴곰의 서식지가 되었어요.

 탐방 예약 제도도 산과 숲의 생태계를 보존하는 방법 중 하나예요. 특별히 보호해야 할 곳을 정하고, 미리 예약을 받아 정해진 수만큼의 관람객만 드나들도록 하지요. 현재 지리산 칠선 계곡, 지리산 노고단, 북한산 우이령길 등에서 이 제도를 실시하고 있어요.

 산이 훼손되지 않게 하려면 어떻게 해야 할까요? 자연 휴식년제와 탐방 예약제에서 힌트를 얻을 수 있어요. 바로 드나드는 사람들이 흔적을 남기지 않아야 해요.

우리나라 최초의 국립공원, **지리산 국립공원**

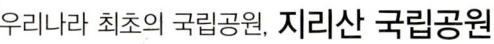

현재 우리나라에는 22개의 국립공원이 있어요. 그중 지리산 국립공원은 1967년 12월에 우리나라 최초로 지정된 국립공원이에요. 경상남도, 전라남도, 전라북도 세 개의 도에 걸쳐 넓게 펼쳐져 있어서 볼거리가 아주 많아요.

지리산에는 오래된 절이 많고, 다양한 문화 자원이 국보와 보물로 지정되어 있어 역사적으로도 뜻 깊은 곳이에요. 그리고 7천 종이 넘는 동식물이 살고 있어 생태적, 환경적인 가치도 높아요.

탐방로도 다양해서 어느 길로 가느냐에 따라 산이 달라 보여요. 이 중에 칠선 계곡과 노고단은 탐방 예약제를 실시하는 곳이에요.

탐방 예약 지리산 국립공원 사무소(reservation.knps.or.kr) ☎055)972-7771

- 지리산 국립공원은 경상남도와 전라남도, 전라북도에 걸쳐 넓게 펼쳐져 있어요.

다복다복 우거진 숲

숲이 이렇게 많은 일을 한다고?

　생물이 살아가는 세계에는 생산자, 소비자, 분해자가 있어요. 생산자는 스스로 영양분을 만들어 생명을 유지해요. 대표적으로 풀과 나무가 있어요. 소비자는 다른 생물을 통해서 영양분을 얻어요. 다람쥐, 토끼, 지렁이 등이 소비자예요. 분해자는 죽은 생물체나 동물의 배설물을 분해하는 미생물을 말해요. 이처럼 숲은 생산자와 소비자, 분해자가 어우러져 조화롭게 살아가는 곳이에요.

숲이 하는 일 중 가장 큰일은 깨끗한 공기를 만들어 내는 거예요. 사람과 동물이 건강하게 생활하려면 공기 중에 산소의 양이 적절해야 해요. 나무는 산소를 만들고, 지구 온난화의 주범인 온실 가스는 흡수해요. 30년 정도 자란 소나무 한 그루는 한 해에 6.6킬로그램의 이산화탄소를 흡수할 수 있어요.

숲은 온도를 조절하는 역할도 해요. 여름에는 나뭇잎의 수분이 증발하면서 주변의 열을 빼앗아 온도가 낮아지고, 겨울에는 차가운 땅에서 나오는 열을 막아 주어 온도가 높아져요.

숲은 빗물을 저장하는 일도 해요. 숲에 비가 내리면 빗물은 나뭇잎이나 나무줄기를 타고 천천히 땅에 떨어져 땅속으로 스며들어요. 흙은 빗물을 머금고 있다가 천천히 흘려보내지요.

숲은 엄청난 양의 물을 저장해요. 더구나 숲이 저장했다가 흘려보내는 물은 깨끗해요. 흙의 성분이 빗물에 섞여 있는 여러 가지 이물질을 걸러 주기 때문이에요. 말하자면 숲은 거대한 자연 정수기 역할을 하는 셈이지요.

이처럼 숲이 우리에게 주는 도움은 값을 매길 수 없을 만큼 엄청나요. 그런데 이 고마운 숲이 우리 곁에서, 지구에서 점점 사라지고 있어요.

숲이 사라지면 모든 것이 사라져

숲은 스스로를 지킬 힘이 있어요. 간혹 죽은 나무에 번개가 떨어져 산불이 날 때가 있는데 이렇게 타 버린 숲에서도 새로운 싹이 돋고 새 생명이 자라요. 사람의 손이 닿지 않는다면 숲은 제힘으로 충분히 제 모습을 지켜갈 수 있을 거예요.

전 세계 열대 우림°의 40퍼센트를 차지하는 아마존 열대 우림은 지구의 허파라고 불려요. 지구에서 필요로 하는 산소의 4분의 1이 아마존에서 만들어지기 때문이지요. 하지만 1960년대 들어 브라질 정부가 아마존 유역을 개발하면서 아마존 열대 우림이 급격히 파괴되었어요. 풀과 나무를 불질러 그 자리에 농사 지을 밭을 만들었기 때문이에요. 이렇게 숲이 사라진 결과는 곧바로 동식물의 멸종으로 이어졌어요. 생

●**열대 우림** 일 년 내내 기온이 높고 비도 많은 적도 부근의 열대 지방에서 발달하는 산림.

태계에서 어떤 종이 멸종한다는 것은 그것을 소비하며 살아가는 상위 소비자의 삶도 위태롭다는 뜻이에요. 숲의 면적이 줄어들면 생태계도 차례차례 파괴돼요.

　아마존뿐 아니라 우리나라의 숲도 사라지고 있어요. 그 원인 가운데 하나는 골프장이에요. 우리나라에서 골프장 건설로 사라진 산과 숲이 여의도 면적의 20배가 넘어요. 골프장 한 곳을 새로 지을 때마다 축구장 140개 넓이의 산림이 사라지고, 나무 10만 그루가 잘려 나가요. 골프장을 짓기 위해서는 나무를 뿌리째 뽑고 그 자리에 잔디를 심는데, 잔디 외의 풀은 전혀 자라지 못하도록 농약을 뿌리다 보니 땅속에는 지렁이와 박테리아도 살지 못하지요.

요즘 멧돼지가 산에서 마을로 내려와 피해를 준다는 뉴스가 자주 나와요. 그런데 멧돼지가 마을까지 내려오게 된 이유는 산에 먹을 것이 없기 때문이에요. 주택과 도로, 공장을 짓기 위해 숲을 없애니까 멧돼지들이 먹이를 찾아 도시로 내려오는 거예요.

숲을 위해 할 수 있는 참 쉬운 일

지금 막 땅에 떨어진 작은 씨앗부터 수십, 수백 년 전에 먼저 와서 자리를 차지한 아름드리나무, 작은 벌레, 새와 짐승, 눈에 보이지 않는 미생물도 모두 숲의 주인이에요. 이 주인들은 모두 숲에서 제 역할을 하며 살아가요. 식물은 스스로 영양분을 만들어 열매를 맺고 자손을 퍼뜨려요. 동물은 식물이나 다른 동물을 잡아먹으며 살아가고요. 죽은 동식물은 썩어서 땅속에 묻히고, 그것은 다시 식물을 자라게 해요. 죽은 나무조차도 곤충과 새들에게 먹을 것을 주고 잠잘 곳이 되어 주어요. 숲 생태계는 이렇게 순리대로 돌아가고 건강하게 유지돼요.

이처럼 소중한 숲을 지키기 위해 나무로 된 물건을 아껴 써야 해요. 종이는 뒷면까지 쓰고, 종이컵 대신 개인 컵을 사용해요. 또 손수건을 가지고 다니면 종이 수건이나 화장지를 덜 쓸 수 있지요. 무엇보다 산에 갔을 때에는 산불이 일어나지 않도록 조심해야 해요.

생물 다양성의 보물 창고, 국립 수목원

경기도 포천군에 있는 국립 수목원은 나라에서 산림 생물 종을 연구하고 보존하기 위해 만든 곳이에요. 다양한 나무들이 빽빽하게 자라는 광릉숲의 일부가 수목원으로 조성됐기 때문에 예전에는 광릉 수목원으로 불렸어요. 일제강점기와 한국전쟁 때에도 화재를 피한 곳이라 자연림 상태로 잘 보전되어 있어요. 광릉은 조선 제7대 왕 세조와 정희왕후 윤 씨의 능으로, 광릉숲은 세조 때부터 산을 지키는 관리를 따로 둘 만큼 철저하게 관리되어 왔어요. 덕분에 다른 데서 보기 드문 다양한 생물들이 살고 있고, 그 가치를 인정받아 2010년에 유네스코 생물권 보전지역으로 지정되었지요.

국립 수목원은 1984년부터 1987년까지 만들어져, 그 해 식목일부터 일반인에게 개방되었어요. 지금은 수목원의 산림을 보호하기 위해 하루 입장객을 3천 명에서 5천 명으로 제한하고 있어요. 국립 수목원을 방문하려면 인터넷으로 예약해야 해요.

`탐방 예약` forest.go.kr

• 경기도 포천의 국립 수목원은 2010년 유네스코 생물권 보전지역으로 지정되었어요.

환경 가치 사전

생물 다양성

생물 다양성이란 지구상에 존재하는 동식물과 미생물, 그것들을 이루고 있는 유전자, 그것들이 구성하고 있는 생태계가 다양하게 유지되는 것을 말한다. 생물 다양성이 줄어든다는 것은 어떤 생물종이 사라지는 것뿐만 아니라 하나의 생물종을 이루는 유전적인 다양성이 떨어지는 것, 생물이 살아가는 서식지가 감소하는 것을 모두 포함한다.

최근 전 세계적으로 해마다 약 2만 7천 종의 생물이 사라질 만큼 생물 다양성이 크게 위협받고 있으며, 급격한 인구 증가, 서식지의 파괴, 환경오염, 무분별한 남획과 외래종 유입 등이 그 원인으로 꼽힌다.

1992년 6월 브라질 리우데자네이루에서 열린 유엔환경개발회의에 참가한 150여 개 나라들은 '생물 다양성 협약'에 서명하였다. 이 협약은 생물 다양성이 빠른 속도로 줄어드는 것을 막기 위해 각 나라가 자국의 생물 자원을 소중히 여기고, 보존하며, 지속적으로 이용하기 위하여 채택되었다.

생물권 보전지역

생물권 보전지역은 생물의 다양성을 보전하고, 지역 사회의 발전을 꾀하며, 문화적인 가치를 지켜 나가기 위하여 유네스코(국제연합 교육 과학 문화 기구)가 지정하는 지역을 말한다. 유네스코가 지정한 생물권 보전지역은 전 세계적으로 보전할 만한 가치가 있는 곳이며, 생물 다양성을 지속적으로 발전시키기 위해서 과학적 지식, 기술, 인간적인 가치를 제공해 줄 수 있다고 인정되는 생태계 지역이다.

우리나라는 1982년 설악산을 시작으로 제주도, 전라남도 신안군, 광릉숲, 전라북도 고창군 등이 생물권 보전지역으로 지정되었다. 북한의 백두산, 구월산, 묘향산도 생물권 보전지역으로 지정되어 그 가치를 인정받았다.

생물권 보전지역의 유래

유네스코는 1971년부터 생태계적으로 보호할 만한 가치가 큰 곳을 생물권 보전지역으로 지정하여 그 지역이 무

분별한 개발로부터 보호를 받을 뿐만 아니라 체계적으로 관리를 받을 수 있도록 해 왔다. 생물권 보전지역으로 지정된 곳은 보호하고 관리해야 하는 정도에 따라서 세 지역으로 나뉘어 관리를 받게 되며, 특히 가장 중요하다고 생각되는 핵심 지역에는 사람이 출입할 수 없도록 엄격하게 통제한다.

고향 잃은 흰수마자

꼭 지켜야 할 생명의 젖줄

물은 모습을 바꿔 가며 끊임없이 순환해요. 비나 눈으로 내리는 물은 땅에 흡수되거나 강을 따라 바다로 흘러요. 그리고 이 물은 태양열로 다시 구름이 되고 비나 눈이 되어 내려요. 물은 지구 곳곳을 돌고 돌아요. 그렇기 때문에 물이 오염되면 지구 생태계가 병들게 되죠.

생태계 구성원인 우리 인간 역시 물이 꼭 필요해요. 우리 몸은 70퍼센트가 물로 이루어져 있어요. 물은 몸 안의 영양분을 구석구석 전달하고, 노폐물을 배출하도록 도와줘요. 이렇듯 물은 생명을 유지하는 데 꼭 필요해요. 인간, 동물, 식물 다 마찬가지예요.

강이나 호수처럼 땅 위를 흐르는 물을 지표수라 해요. 산업이 발달하고 물 사용이 많아지면서 땅속 깊은 곳에서 물을 끌어다 쓰는데, 이 물이 지하수예요. 사람들은 지하 깊은 곳에 고인 지하수를 뽑아 쓰기도 하지만, 대개 강이나 호수의 물을 마시고 써요. 농사나 공장 일에도 이 물을 끌어다 쓰지요.

우리나라는 최근 몇 년 동안 전국의 큰 강을 중심으로 크고 작은 공사가 많았어요. 그 과정에서 많은 변화가 생겼어요. 강이나 호수에 살던 생물이 줄거나 서식지의 환경이 나빠졌지요. 우리는 어떻게 해야 강과 하천을 지킬 수 있을까요?

굽이굽이 흐르는 강

문명을 일으킨 강

 강을 빼놓고는 인류 역사를 이야기할 수 없어요. 인류의 고대 문명은 모두 큰 강 주변에서 탄생했지요. 황허 강에서 황허 문명이, 인더스 강에서 인더스 문명이, 나일 강에서 이집트 문명이, 티그리스와 유프라테스 강에서 메소포타미아 문명이 일어났어요. 이 네 곳은 물이 풍부하고 땅이 기름져 농사를 짓기에 알맞았어요. 덕분에 자연스럽게 도시가 발달했지요. 인구가 늘면서 법과 제도가 만들어지고, 상업과 문화도 발달했어요.

특히 이집트는 나일 강의 혜택으로 번성한 나라예요. 그리스의 역사학자 헤로도토스는 이집트 문명은 '나일 강의 선물'이라고 했지요. 나일 강은 해마다 여름이면 물이 불어나 넘치기를 반복했어요. 홍수로 피해가 심각했지만 물이 빠지고 나면 상류에서 떠내려온 검은 흙이 나일 강가를 뒤덮었지요. 이 흙은 매우 기름져서 곡식이 잘 자랐어요.

강이 넘치는 시기를 미리 알려고 별을 관찰하다 보니 천문학이 발달했고, 홍수로 사라진 밭의 경계를 가려내는 과정에서 측량술과 수학도 발달했어요. 나일 강 유역에서 자라는 식물 파피루스 줄기로는 종이, 돛, 천, 밧줄 등을 만들어 썼어요.

우리나라에는 한반도를 가로질러 동서로 흐르는 한강이 있어요. 한강은 선사 시대부터 우리 삶의 터전이

되어 왔어요. 물이 많고 샛강이 골고루 발달한 한강 주변에는 숲이 우거져서 다양한 동식물이 건강한 생태계를 이루었지요. 한강 주변 포구와 나루터를 중심으로 상업이 발달해 왔고요. 1900년에 우리나라 최초의 근대식 철교인 한강철교가 놓이고, 1917년 최초의 인도교인 한강대교가 설치되면서 지금과 같은 한강의 모습을 갖추어 나갔어요.

한강과 더불어 낙동강, 금강, 영산강을 4대강이라 불러요. 이 강들은 우리나라 곳곳을 흐르며 젖줄과 같은 역할을 하고 있지요.

강물과 바닷물이 만나는 곳, 하구

하구는 강물이 바다로 흘러 들어가는 어귀를 말해요. 강물과 바닷물이 만나는 하구는 생태계에서 매우 중요한 역할을 해요.

하구에는 자연 둑과 습지, 석호, 삼각주나 갯벌, 모래톱 등 생물이 살기 좋은 다양한 환경이 만들어져요. 먹이가 풍부하다 보니 재두루미, 가창오리, 청둥오리, 검은머리물떼새 등 보기 드문 철새들이 모여들지요.

하구는 연어나 뱀장어 같은 물고기들이 알을 낳기 위한 이동 통로로도 매우 중요해요. 연어는 바다에서 살다가 알을 낳기 위해 강으로 가고, 뱀장어는 강에서 살다가 알을 낳기 위해 바다로 가요. 모두 하구를 통과하게 되지요.

또한 하구는 강물에 섞여 있는 오염 물질을 걸러 주어 깨끗한 물이 바다로 흘러들게 해 주고, 바다로부터 내륙 쪽으로 몰아치는 거센 파도의 충격을 줄여 주는 일도 해요.

4대강 유역에는 하구가 잘 발달되어 있어요. 그중 한강과 낙동강 하구는 생태적 가치가 뛰어나 환경부에서 습지 보호 지역으로 지정했어요.

한강 하구는 한강의 민물 생태계와 서해안의 바다 생태계가 만나는 곳으로, 4대강 하구 가운데 유일하게 하굿둑이 건설되지 않은 곳이에요. 하굿둑은 바닷물이 침입하는 것을 막기 위해 강어귀 근처에 쌓는 댐이에요. 밀물 때는 수문을 열어 강물이 바다로 흘러가게 하고, 썰물 때는 수문을 닫아 바닷물이 강 쪽으로 흘러드는 것을 막아 줘요. 이렇게 하면 강 주변 농지에 바닷물이 흘러드는 것을 막을 수 있어요.

하지만 민물과 바닷물이 섞여 염분의 농도가 낮아지는 지역이 사라지고, 그곳에만 서식하는 생물도 함께 사라지는 문제가 생겨요. 실제로 1987년에 낙동강 하굿둑을 쌓은 뒤, 2~3년이 지나고부터 이 지역에서 많이 잡히던 재첩을 거의 볼 수 없게 되었다고 해요.

그럼 하굿둑이 없는 한강 하구의 생태계는 어떨까요? 한강 하구에는 갈대, 세모고랭이, 천일사초 등 소금기가 있는 물에서 잘 자라는 식물과 민물에서 자라는 버드나무, 물억새 등이 함께 자라고 있어요. 저어새, 검독수리, 매화마름, 재두루미 등 멸종 위기 1, 2급에 해당하는 동식물도 볼 수 있고요.

한강 하구보다 먼저 습지 보호 지역으로 지정된 낙동강 하구는 삼각주와 철새 도래지로 유명해요. 삼각주는 강이 바다로 들어가는 어귀에 강물이 운반한 모래나 흙이 쌓여 만들어지는 지형이에요. 강물과 바닷물이 만나는 삼각주 주변은 수심이 얕고 갯벌이 넓게 펼쳐져 있어서 다양한 생물이 서식하고 있어요. 갯벌 주변에 우거진 갈대숲에는 철새들이 모여들고요. 하지만 낙동강 하굿둑을 쌓은 뒤로는 낙동강에서 헤엄치는 물고기도, 갯벌을 기어 다니는 갯지렁이도, 갈대숲을 찾는 새들도 많이 줄어들었어요.

흘러야 강물이다

강은 땅 모양에 따라 곧게 뻗어 흐르거나, 어떤 곳에서는 휘어져 흐르기도 해요. 휘어진 곳은 물고기들이 알을 낳거나 천적을 피해 숨는 장소로 쓰이지요. 그런데 인위적으로 강을 깊게 파거나 강폭을 넓히는 공사를 하게 되면 이런 곳이 사라지고 물고기가 줄어들어요. 이렇게 되면 물고기를 잡아먹고 사는 동물들도 죽거나 다른 곳으로 떠나 버리죠.

강의 형태가 바뀌면서 물이 느리게 흐르고 고여 있게 되면 녹조 현상이 심해져요. 녹조류가 크게 늘어 물빛이 녹색으로 변하는 것을 녹조 현상이라고 해요. 녹조류 식물은 해캄, 청각, 파래 등이 있어요. 녹조류가 많아지면 물속에 있는 산소가 부족해져서 물고기를 비롯한 생물들이 죽게 돼요. 자갈과 모래가 제대로 흘러가지 않는 강바닥에는 오염 물질이 뒤섞인 더러운 진흙만 쌓이지요.

최근에 낙동강 유역이 공사를 거치면서 멸종 위기종과 천연기념물로

지정된 조류, 포유류, 양서류, 파충류 등 모두 28종이 사라졌다고 해요. 강을 쓸모 있게 하자며 큰돈을 쏟아 부어 시작한 공사가 반대로 강이 본래 지닌 엄청난 가치를 훼손해 버리는 결과를 낳고 말았어요. 사람의 힘으로 강물의 흐름을 바꾸는 것이 얼마나 어리석은 일인지 알 수 있지요.

민족의 역사와 함께 흐른 강, 한강

한강은 우리나라를 대표하는 강이에요. 한강의 원줄기는 514킬로미터로 태백산맥에서 시작되어 경기도, 강원도, 충청도를 잇고 서해로 흘러가요. 한강은 북한의 압록강, 두만강, 남한의 낙동강에 이어 한반도에서는 네 번째로 길어요. 강 유역의 면적은 2만 6천 219제곱킬로미터로 압록강, 두만강 다음으로 넓고요. 이렇게 길고 넓은 강이다 보니 주변에 볼거리, 즐길 거리도 풍부하지요.

서울을 상징하는 한강의 주된 볼거리로 30여 개의 다리가 있어요. 한강 다리는 저마다 독특한 멋과 아름다움을 지니고 있어 서울의 명물로 자리 잡았어요. 여름에는 여의도, 뚝섬, 잠실 등에 있는 한강 수영장에서 물놀이를 즐길 수 있고요. 난지 한강공원에 마련된 난지 캠핑장은 도심에서 캠핑을 할 수 있어 인기가 많아요.

캠핑 문의 난지 캠핑장 ☎ 02)304-0061

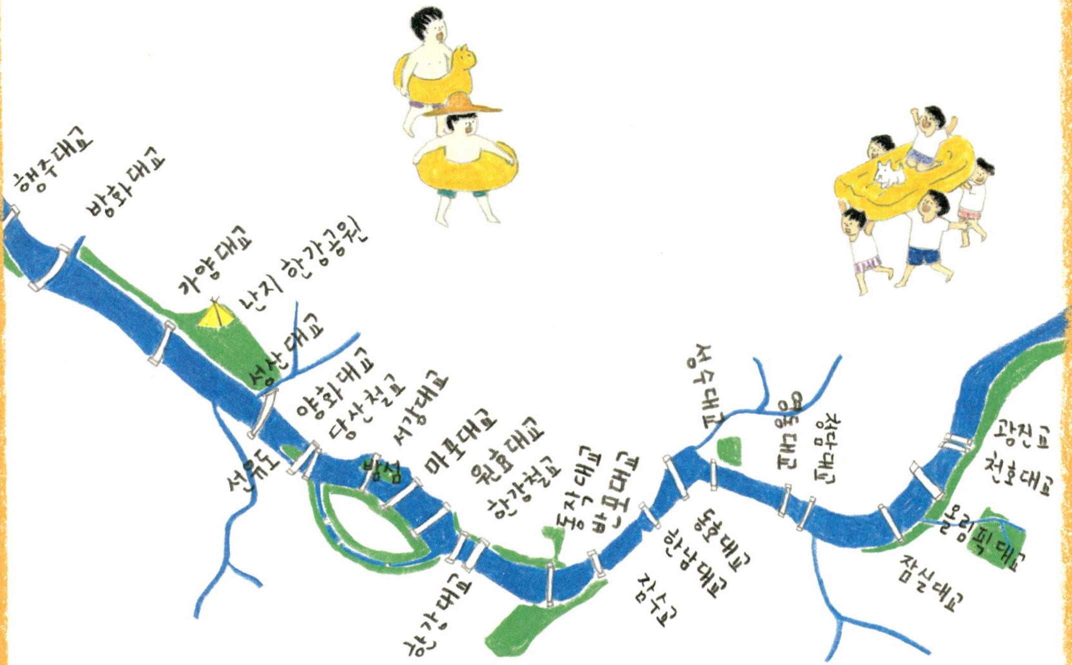

- 서울 복판을 가로지르는 한강에는 개성 있는 30여 개의 다리가 설치되어 있어요.

가만가만 잠자는 호수

지구의 마실 물을 저장하는 호수

우묵하게 들어간 땅에 물이 괴어 있는 곳을 호수라고 해요. 호수는 지구의 식수 창고예요. 지구 표면의 70퍼센트가 물이지만, 이 가운데 97퍼센트는 바닷물이어서 식수로 사용할 수 없어요. 나머지 3퍼센트 중에서도 2퍼센트는 얼음이나 지하수이고, 단 1퍼센트만이 우리가 그대로 먹을 수 있는 물이지요. 바로 이 1퍼센트 가운데 87퍼센트가 호수에 저장되어 있어요.

호수가 만들어지는 과정은 여러 가지예요. 크게 두 가지로 나누면

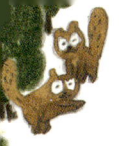

빙하의 활동, 물의 흐름, 화산 활동 등 자연 현상을 통해서 만들어진 자연 호수가 있고, 댐이나 저수지를 만들 때 생긴 인공 호수가 있어요.

북아메리카에 있는 오대호는 빙하 때문에 생긴 호수예요. 이 지역은 오래전 거대한 빙하에 덮여 있었는데, 이 빙하로 땅이 푹 파이고 빙하가 녹아 물이 차면서 호수가 만들어졌어요. 러시아에 있는 바이칼 호는 세계에서 가장 깊은 호수예요. 이 호수는 지구의 겉을 둘러싸고 있

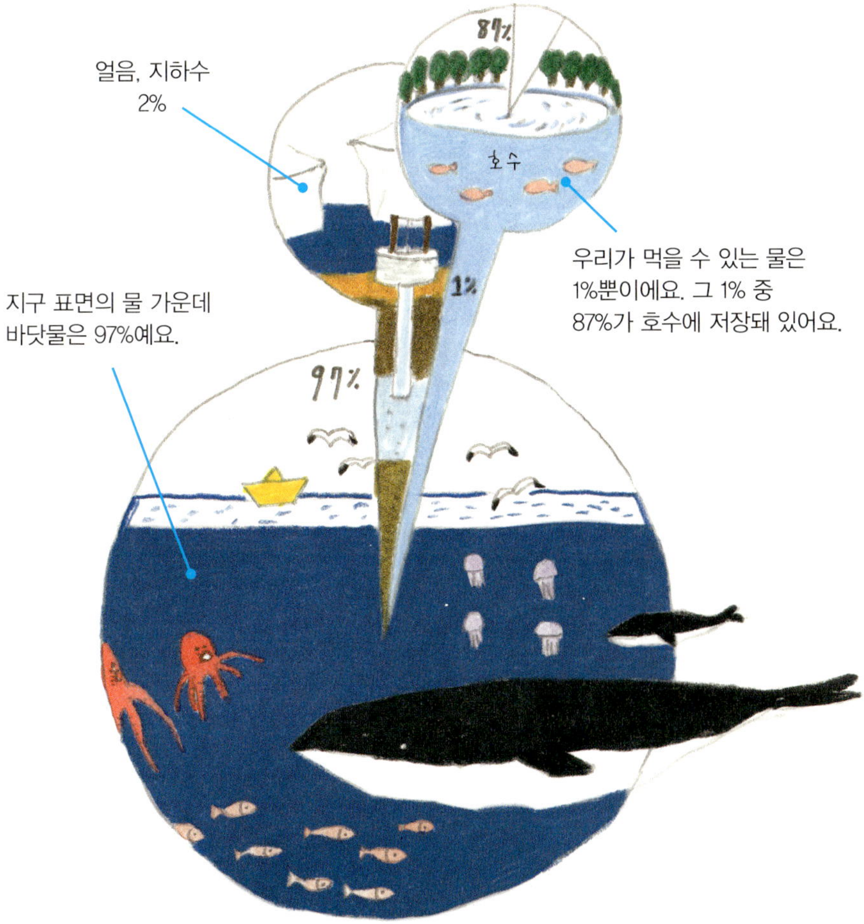
87%
얼음, 지하수
2%
호수
1%
우리가 먹을 수 있는 물은
1%뿐이에요. 그 1% 중
87%가 호수에 저장돼 있어요.
지구 표면의 물 가운데
바닷물은 97%예요.
97%

는 암석 판이 지각 운동을 하면서 갈라져 가라앉은 곳에 물이 고이면서 만들어졌어요.

　해안을 따라서 쓸려 내려간 모래가 쌓이고, 그 부분에 바닷물이 갇히면서 생긴 호수도 있어요. 이런 호수를 석호라고 하는데, 우리나라 동해안에 발달되어 있어요. 이미 만들어진 석호에 더 많은 모래와 자갈이 쌓이면 육지로 변하게 되지요. 화산 활동으로 만들어진 언덕 안쪽에 물이 고여 생긴 호수인 화산호도 있어요. 백두산 천지, 한라산 백록담이 대표적인 화산호이지요.

　우리나라에 있는 호수는 석호와 한라산 백록담 등 몇 곳을 빼면 대부분 인공 호수예요.

쓰임이 다양한 호수

　호수는 강처럼 물이 흐르지 않기 때문에 깨끗하지 않다고 생각할 수 있지만 그렇지 않아요. 호수에 사는 생물들이 쉼 없이 활동하면서 호수의 물을 걸러 주거든요. 특히 호수 가장자리나 물속에서 자라는 물풀은 광합성을 통해 산소를 만들어 주어요.

　크고 넓은 호수는 생활 터전이 되기도 해요. 캄보디아의 톤레사프 호수에는 수상 마을이 있어요. 주민들은 물 위에 집을 짓고, 물고기를 잡으며 살아가요. 아이들이 다니는 학교도 호수 위에 있지요. 이들에게 호수는 먹을 것과 잠잘 곳을 제공해 주는 고마운 곳이에요.

　호수에서 석유를 얻기도 해요. 우리가 쓰는 석유는 대부분 바다 밑이나 사막의 모래 밑에서 얻지만 호수 밑에도 석유가 저장되어 있어요. 카스피 해 아래에는 2천 700억 배럴의 석유와 함께 천연가스가 묻혀 있는 것으로 알려져 있어요. 카스피 해를 둘러싸고 있는 러시아, 아제르바이잔, 이란, 투르크메니스탄, 카자흐스탄 등 5개국은 이 석유를 놓고 10년 넘게 권리 다툼을 벌이고 있지요. 다툼의 핵심은 카스피 해

를 바다로 보느냐 호수로 보느냐 하는 것이에요. 카스피 해를 바다로 볼 경우에는 국제법에 따라 권리를 인정받지만, 호수로 볼 경우에는 그런 법이 없어 카스피 해의 자원을 5개국이 균등하게 나눌 수 있기 때문이에요. 하지만 나라별로 이해 관계를 따지기 전에 생각해야 할 문제는 바로 카스피 해의 환경 문제예요. 자원을 얻기 위한 개발이 본격적으로 진행되면 카스피 해가 지금의 모습을 그대로 지켜 내기는 어려울 테니까요.

물이 마르면 생태계는 목마르다

물은 용도에 따라 가정에서 쓰는 생활용수, 농사에 사용되는 농업용수, 공장에서 물건을 만들 때 쓰는 공업용수 등으로 나누어요.

아침에 일어나 욕실만 가도 양치질, 세수, 변기 사용 등 꽤 많은 물을 쓰게 되지요. 그밖에 음식 조리와 설거지, 세탁, 청소 등 가정에서 일상생활에 사용하는 물을 통틀어 생활용수라고 해요.

농업용수는 농작물을 재배하거나 가축을 사육하는데 사용하는 물이에요. 농작물이 자라려면 적당한 시기에 적당한 양의 물이 있어야 해요. 물이 필요한 때에 비가 내린다면 걱정이 없겠지만 가뭄이 들 수도 있어요. 반대로 비가 너무 많이 내려서 홍수가 날 수도 있고요. 그래서 날씨와 상관없이 안정적으로 물을 공급하기 위해 저수지와 같은 인공 시설을 만들어 물을 저장해 두는 거예요.

공장에서 물건을 만들 때에도 물이 사용돼요. 공장 시설을 가동하고, 제품을 세척하거나 식히는 과정에 물이 필요해요. 그래서 공장은 강가나 해안가 주변처럼 물을 공급받기 쉬운 곳에 짓는 거예요.

용도에 따라 물이 공급되는 방법이나 사용량은 다르지만, 우리가 사용하는 물이 오는 곳은 강, 호수, 저수지예요. 오늘날 사람들은 점점 더 다양한 용도로 물을 사용하고 있어요. 2014년 조사에 따르면, 가정에서 사용하는 가정용수를 기준으로 국민 한 사람이 하루에 쓰는 물의 양은 178리터나 된다고 해요. 2리터짜리 페트병 89개만큼을 쓰는 거예요.

사람들은 마시는 물 외에도 농사를 짓거나 공장에서 쓰기 위해 호수 물을 퍼 가요. 겨울철에 스키장에 뿌리는 인공 눈도 지하수나, 주변의 강, 호수, 저수지에서 엄청난 물을 끌어와 만들어요. 강과 호수가 말라 갈수록 생태계 역시 목마름을 겪게 될 거예요.

물을 마구 쓰는 것도 문제지만 호수가 점점 더러워지는 것도 문제예요. 지구에서 가장 깊은 바이칼 호수에는 바이칼 물범이 살고 있어요. 그런데 호수 주변에 세워진 펄프 공장에서 수십 년 동안 폐수를 흘려보내는 바람에 먹이가 줄어 생존을 위협받고 있어요.

호수에 버려진 오물과 호수 주변의 논밭에서 뿌린 화학 비료, 살충제는 녹조류를 발생시켜요. 녹조류가 호수를 뒤덮으면 햇빛도 가리고 산소도 부족해져서 금방 오염되고 말지요.

우리나라에서 가장 크고 깨끗한 인공 호수, 충주호

충청북도 충주시, 제천시, 단양군에 걸쳐 있는 충주호는 1985년 10월 충주댐이 지어지면서 만들어졌어요. 충주호 주변에는 월악산 국립공원을 비롯해 청풍 문화재 단지, 단양팔경, 구인사 등 이름난 관광지가 많아요. 청풍 문화재 단지는 충주댐이 만들어지면서 물에 잠기게 된 청풍면과 수산면의 마을 문화재를 옮겨 놓은 곳이에요. 충주호 주변의 아름다운 자연을 골고루 감상하려면 유람선을 타는 것도 좋아요. 충주호 유람선을 타면 단양팔경에 해당하는 옥순봉, 구담봉과 강선대, 운암대, 삿갓바위 등 자연이 빚은 멋진 경치를 볼 수 있어요.

탐방 문의 청풍 문화재 단지 ☎043)647-7003 충주호관광선 ☎043)851-5771

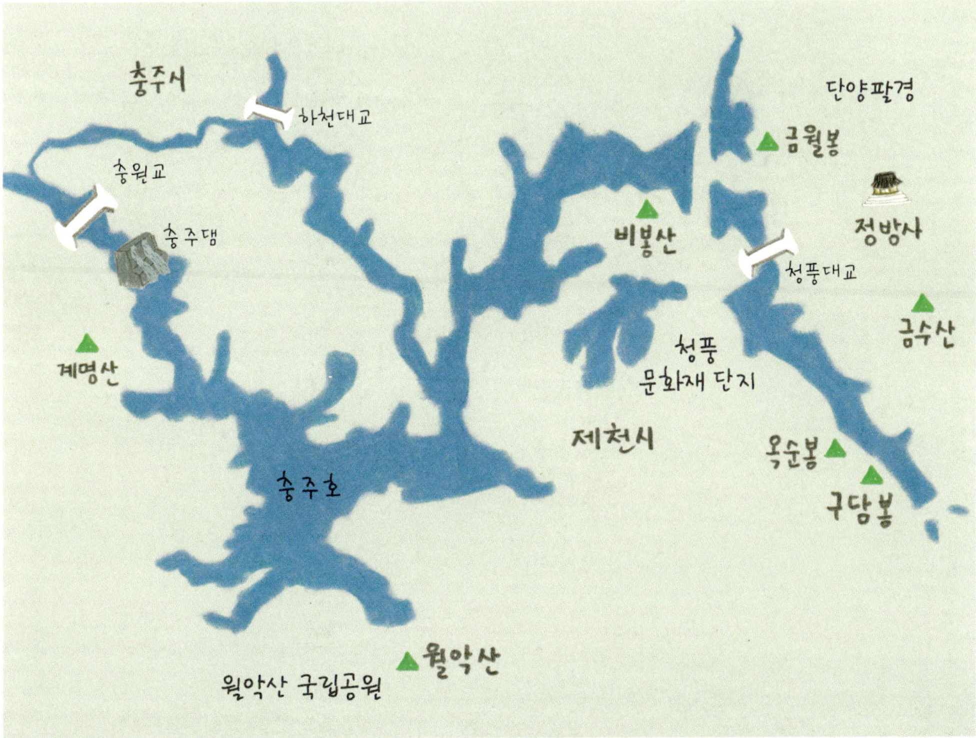

• 충주호 주변에는 단양팔경, 월악산 국립공원 등 볼거리가 많아요.

환경 가치 사전

> 가상수와 물발자국

우리가 먹고 쓰는 제품을 생산하기 위해서는 많은 양의 물이 사용된다. 생산 시설을 돌리는데 쓰는 물, 운반 과정에서 사용되는 물 등이다.

이처럼 눈에는 보이지 않지만, 제품을 만들 때 필요한 물을 가상수라고 한다. 가상수의 양을 좀더 알기 쉽게 나타낸 것이 물발자국이다. 예를 들어 우리가 먹는 햄버거 한 개의 물발자국은 약 2천 400리터이다. 즉, 밀을 재배하고 소를 키우고 채소를 심고 가꾸는데 드는 물, 이것을 다시 빵과 소고기로 가공하고, 가공된 재료가 햄버거로 만들어져 우리 입에 들어오기까지 필요한 물의 총량이 2천 400리터나 되는 것이다. 이밖에 커피 한 잔은 140리터, 우유 한 잔은 200리터, A4 크기의 종이 한 장은 10리터의 물을 사용하여 생산되는 것이다.

지표 생물로 알아보는 수질

기후나 토양 등 자연환경의 깨끗한 정도를 나타내는 기준이 되는 생물을 지표 생물이라고 한다. 물에 사는 생물들로 물의 오염 정도를 알 수 있다.

- 1급수 버들치, 열목어, 버들개, 금강모치, 어름치
- 2급수 쏘가리, 다슬기, 물장군, 피라미, 은어
- 3급수 붕어, 미꾸라지, 장구애비, 우렁이, 소금쟁이
- 4급수 거머리, 실지렁이, 나방 애벌레, 깔따구

환경 위기 시계

전 세계에서 벌어지고 있는 환경 파괴의 심각성과 위기감을 시간으로 나타낸 것이다. 일본의 유리 생산 기업인 아사히 글라스 재단이 리우 환경 회의가 열린 1992년부터 전 세계의 환경 전문가들에게 설문 조사를 하여 해마다 9월에 그 결과를 발표한다.

환경 위기 시계에 표시되는 시각은 0시부터 12시로, 0~3시는 양호, 3~6시는 불안, 6~9시는 심각, 9~12시는 위험을 뜻한다. 12시에 가까워질수록 인류가 지구에서 살 수 없게 됨을 의미한다. 2017년 우리나라의 환경 위기 시계는 9시 9분으로 발표되었다.

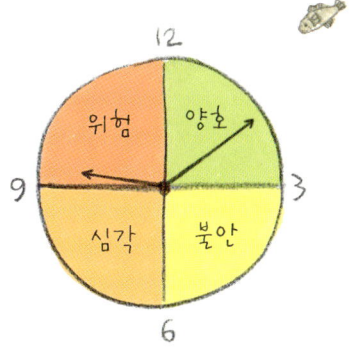

보물선을 찾은 일등 공신

감춰진 보물선 같은 바다와 섬

우리가 살고 있는 별의 이름은 '지구'로, 한자로는 '땅 지(地)'와 '공 구(球)' 자를 써요. 공처럼 둥근 모양의 땅이라는 뜻이지요. 하지만 실제로 지구 표면의 70퍼센트를 차지하는 것은 흙이나 토양으로 된 땅이 아니라 바다예요.

우리는 지구를 뒤덮은 드넓은 바다에 대해 아직 모르는 게 많아요. 바닷속으로 깊이 내려갈수록 수압이 높아지기 때문에 잠수정 없이는 심해를 탐사하는 게 불가능하죠. 기술이 발달하면서 점점 깊은 곳까지 탐사가 이뤄지고 있지만 바닷속은 여전히 신비한 공간이에요.

바다 가운데 둥둥 떠 있는 것 같은 땅은 섬이에요. 육지 중에서 사방이 물로 둘러싸여 있는 부분만을 가리켜 섬이라고 해요. 지구상에는 10만여 개의 섬이 있다고 해요. 섬은 여러 가지 원인으로 만들어지고 또 사라져요. 주변을 둘러싸고 있는 물의 영향을 받기 때문에 물 밖으로 드러났다가 사라지기를 반복하는 경우도 있지요.

인간에게 많은 자원을 제공하지만 여전히 비밀을 간직한 바다, 그리고 바다의 어디쯤에서 묵묵히 자리를 지키고 있는 섬에 대해 이야기해 보려고 해요.

철썩철썩 파도치는 바다

삼면이 바다로 둘러싸인 우리나라

한 나라의 주권이 미치는 범위를 영토라고 해요. 영토에는 육지뿐만 아니라 바다와 하늘도 포함돼요. 바다를 영해, 하늘을 영공이라고 하지요. 우리나라는 아시아 대륙과 연결되어 있는 북쪽을 뺀 나머지 삼면이 바다로 둘러싸여 있는데 이런 지형을 반도라고 해요. 이웃 나라인 중국과 비교하면 육지 면적은 중국이 44배 넓지만, 바다와 육지가 맞닿은 선인 해안선은 중국이 6배 정도 더 길어요. 우리나라의 해안선이 육지 면적에 비해 매우 길다는 것을 알 수 있죠. 삼면의 바다는 각각 동해, 서해, 남해로 불려요. 이름만 다른 것이 아니라 바닷물의 색과 깊이, 온도, 해안선의 모양과 특징도 다르지요. 인구에 비해 영토가 넓지 않은 우리에게는 삼면이 바다로 둘러싸여 있는 것이 매우 다행스러운 일이에요. 바다 자원을 활용할 수 있으니까요.

바다가 주는 무한한 혜택

우리는 바다로부터 많은 것을 얻고 있어요. 바다에서 나는 다양한 수산물은 가장 대표적인 혜택이에요. 등 푸른 생선 고등어를 비롯해 갈치, 꽁치, 오징어, 조개류, 해조류 등 수많은 먹거리를 바다에서 얻어요.

바다는 사람들에게 휴식과 즐거움을 주기도 해요. 여름에는 바다에서 해수욕과 수상스키 등을 즐기고, 봄, 가을, 겨울에는 탁 트인 바다의 풍경을 감상해요. 또 바닷길은 다른 나라와 무역을 하는 중요한 통로가 되어 주고 있어요.

하지만 여기까지는 바다가 주는 엄청난 혜택 가운데 일부분에 지나지 않아요. 바닷속 세계에는 상상할 수 없을 만큼 많은 보물이 묻혀 있어요. 가장 많은 보물이 숨겨진 곳은 대륙붕이에요. 대륙붕은 대륙

주변에 있는 대지로, 평균 수심이 200미터 정도이고 경사가 완만해요. 이곳에는 생물 자원이 풍부할 뿐만 아니라 석유, 천연가스, 광물 자원이 많이 묻혀 있어요.

바다가 지닌 특성을 이용해 전기를 얻기도 해요. 밀물 때와 썰물 때 바닷물의 높이가 달라지는 것을 이용한 조력 발전 시설이나, 바닷물의 온도 차이를 이용한 해수 온도차 발전 시설로 전기를 일으켜요. 바다에 풍력 발전기를 설치해서 에너지를 얻기도 하고요. 이처럼 바다는 무한한 크기만큼 많은 것을 우리 인간에게 내어 주고 있어요.

쓰레기와 소음으로 고통 받는 바다 생물

2007년 12월 7일, 충청남도 태안군 앞바다에서 기름 유출 사고가 발생했어요. 석유를 운반하는 홍콩의 '허베이 스피리트 호'와 우리나라

'삼성 1호'가 충돌했지요. 이 사고로 배에 싣고 가던 원유가 태안 앞바다로 흘러나왔어요. 7만 8천 918배럴로 1리터짜리 우유갑으로 하면 1천 200만 개에 해당하는 양이에요.

파도가 칠 때마다 기름이 갯벌로 밀려왔고, 갯벌에서 사는 게, 조개, 물고기, 새 들은 끈적거리는 기름을 뒤집어쓴 채 죽어 갔어요. 두꺼운 기름 덮개로 인해 물속 산소량이 줄어들면서 양식장의 어패류도 떼죽음을 맞았고요.

이를 지켜본 많은 국민들이 기름때를 흡수하는 종이와 수건을 들고 태안으로 달려갔어요. 추운 날씨와 차가운 바닷바람을 견디며 바위와 돌멩이에 묻은 기름을 하나하나 닦아 냈어요. 덕분에 태안 앞바다는 비교적 빨리 옛 모습을 되찾았어요. 하지만 지금도 사고 지역의 생태계는 완전히 회복되지 않았고 주민들에게는 사고의 상처가 남아 있어요.

이런 큰 사고도 문제이지만 바다 쓰레기도 주의해야 해요. 바다에 직접 버린 쓰레기, 육지에서 강이나 하천을 통해 바다로 흘러들어 간 쓰레기는 바다를 더럽히는 주범이에요. 바다 쓰레기로 인한 오염은 생태계 파괴로 이어져요. 바닷새들이 비닐이나 스티로폼을 먹이로 생각해서 먹고 목숨을 잃는 일이 허다해요. 어부들이 버리고 간 그물에 걸려 죽기도 하고요.

소음 문제도 심각해요. 물속에서는 소리의 전달 속도가 공기 중보다 4배나 빨라요. 배에서 나는 엔진 소리, 수중 작업을 위한 폭발 소리, 바다 밑 지형을 탐사하는 장비 소리 등은 바다 생물을 괴롭히는 소음이에요. 특히 소리에 민감한 고래는 소음 때문에 청력을 잃거나 이상 행동을 하고, 심한 경우 몸속의 장기가 파열돼 죽기도 해요.

　해조류가 줄어드는 갯녹음 현상도 문제예요. 갯녹음 현상은 육지에서 숲이 사라지듯 바다에서 해조류가 사라지는 것이에요. 시멘트의 주원료인 탄산 칼슘이 바닷물에 녹아들면 물이 알칼리성으로 바뀌어요. 해저 바닥과 바위는 시멘트를 바른 것처럼 딱딱하게 굳어 버리고, 결국 해조류가 살지 못하게 돼요. 갯녹음을 막는 방법은 바다에 해조류를 많이 심는 거예요. 우리 정부는 2013년부터 매년 5월 10일을 '바다 식목일'로 정해 바다 생태계를 지키기 위해 애쓰고 있어요.

파도와 바람이 빚은 **한려 해상 국립공원**

한려 해상 국립공원은 거제 지심도에서 여수 오동도에 이르는 우리나라 최초의 해상 국립공원이에요. '한려'는 한산도와 여수의 앞 글자를 딴 이름이고요. 해금강, 한산도, 노량, 사천, 남해 금산, 오동도 등 모두 6개 지구로 나뉘어 있어요. 거제시에 속하는 해금강 지구는 파도와 바람이 만들어 낸 풍광이 금강산의 해금강만큼 아름다워요. 한려 해상 국립공원을 대표하는 새인 팔색조의 번식지도 이곳에 있어요. 한산도 지구는 통영시 남쪽의 바다와 30여 개의 섬을 포함하고 있어요. 한산도 지구의 주요 섬에 '바다 백리길'이 조성되어 바다와 어우러진 섬의 깊숙한 곳까지 둘러볼 수 있지요. 특히 임진왜란 때 이순신 장군이 승리를 거둔 한산도 대첩의 현장을 따라 만들어진 '한산도 역사 길'은 꼭 한번 가 보세요.

탐방 문의 한려 해상 국립공원 ☎ 055)860-5800

• 한려 해상 국립공원 중 한산도·해금강 지구는 남쪽 해안에 넓게 자리잡고 있어요.

조용조용 바라보는 섬

또 하나의 육지, 섬

섬은 바다의 밑바닥이 지각 운동으로 솟아오를 때, 육지가 가라앉거나 바닷물에 잠겼을 때 생겨요. 제주도와 울릉도처럼 바닷속의 화산이 폭발하여 섬이 만들어지기도 해요. 파도나 빙하에 의해 땅이 깎여서 생기기도 하고요. 산호초가 바다 위로 솟아난 경우에도 섬이 만들어져요.

우리나라에는 3천 개가 넘는 섬이 있어요. 동해, 서해, 남해 가운데 특히 남서쪽에 섬이 많아서 이 지역 바다를 가리켜 다도해라고 하지요. 섬은 외따로 떨어져 있기 때문에 독특한 문화가 발달해요. 화산섬인

제주도는 땅에 물이 잘 고이지 않아서 논농사를 짓기 힘들어요. 그래서 차례상이나 제사상에 쌀로 만든 떡 대신 밀로 만든 빵을 올려요. 오늘날에도 이 전통은 이어지고 있어요.

섬은 자연환경에 따라서 집의 모양이나 논밭의 형태도 달라져요. 눈이 많이 내리는 울릉도에서는 추운 겨울에 찬바람과 눈을 막기 위해 임시 외벽인 우데기를 만들어요. 전라남도 완도군 청산도 섬에서는 벼농사를 짓기 위해서 자갈을 깔고 그 위에 흙을 덮는 구들장논을 만들었지요.

제주도는 제주도답고, 독도는 독도답다

섬은 독특한 생태계와 자연환경이 특징이에요. 제주도는 다양한 화산 지형을 볼 수 있는 화산 박물관이에요. 화산 분출로 생긴 한라산과 한라산 정상에 있는 호수 백록담은 대표적인 화산 지형으로 제주도의 상징이지요. 제주도가 품은 자연환경은 희귀 생물이나 멸종 위기에 처한 동식물에게 소중한 서식지가 되고 있어요. 제주도는 이런 가치를 인정받아 2007년에 유네스코 세계유산으로 등재되었어요.

우리 땅 동쪽 끝에 있는 독도는 돌로 된 섬이라는 뜻으로, 1982년 천연 보호 구역으로 지정될 만큼 환경 생태적으로 가치가 높은 섬이에

요. 1900년대 초반까지만 해도 독도의 대표 생물은 강치였어요. 바다사자의 한 종류인 강치가 무리를 이루어 살고 있었지요. 하지만 일제 강점기 때 일본인들이 마구잡이로 잡아가는 바람에 멸종되어 지금은 그 모습을 볼 수 없어요. 오늘날 독도에는 벌매, 뿔쇠오리, 흑비둘기, 검은머리촉새 등 멸종 위기종인 새들이 살고 있어요.

독도 주변의 바다 역시 다양한 해조류와 어패류가 서식하는 보물과도 같은 곳이에요. 맑고 깨끗한 독도 바닷속에는 100여 종의 해조류가 울창한 바다 숲을 이루고 있어요.

제주도와 독도 외에도 우리 바다에는 우리 땅이어서 참 고마운, 아름다운 섬들이 많아요. 갯벌 생물의 천국으로 불리는 강화도, 바닷가에 콩같이 작은 돌들이 가득해서 콩돌해변으로 불리는 백령도, 바닷가를 따라 반달 모양의 숲이 이어진 보길도 등 어느 한 곳 소중하지 않은 곳이 없지요.

섬은 언제 외로울까?

섬 전체가 돌로 되어 아무것도 살 수 없을 것 같은 곳, 그런 섬에도 생물이 살아요. 바람에 실려 온 씨앗이 바위틈에 떨어져 꽃을 피우고, 뗏목에 달라붙어 섬까지 간 벌레가 모래 속에 집을 지어요. 장거리 비행에 지친 새들은 섬에 들러 잠시 쉬어 가고, 먼 바다로 나가던 물고기 역시 섬에서 새로운 힘을 얻어요. 섬은 생명들로 북적여 외로울 틈이 없어요. 그런데 섬이 점점 외로워지고 있어요. 바로 사람들이 드나들면서부터예요.

섬과 육지를 잇는 편리한 교통 시설이 늘어나면서 섬을 찾는 사람들이 늘고 있어요. 도시 생활에 지친 사람들은 아름다운 자연 속에서 맑은 공기를 마시며 쉬고 싶어 해요.

　섬의 선착장에는 많은 관광객을 한꺼번에 실어 나르기 위해 큰 배가 뜨고, 사람들이 쉬지 않고 드나들어요. 새들의 휴식처였던 섬의 가장 높은 곳까지 나무 계단이 놓이고, 바다를 볼 수 있게 섬 주변으로 해안 도로가 만들어져요. 파도에 실려 백사장까지 자연스레 밀려오던 모래는 방파제와 해안 도로 시멘트 벽에 가로막혀요. 관광객을 상대하는 식당들이 생기고 그곳에서는 쉼 없이 음악이 흘러나오고, 늦은 밤까지 불이 꺼지지 않지요. 그러다 보니 섬의 환경은 점점 훼손되고 자연의 모습을 잃게 되었어요. 이제라도 우리는 인간 중심의 생각에서 벗어나 섬의 생태계를 돌봐야 해요.

섬 전체가 천연기념물, 홍도

홍도는 동서로 2.4킬로미터, 남북으로 6.4킬로미터에 이르는 비교적 작은 섬이에요. 해가 질 때 섬 전체가 저녁놀에 물들어 붉게 보인다고 해서 홍도라고 이름 붙였어요. 신안군에 속한 홍도는 다도해 해상 국립공원에 속해 있어요. 신안군은 1천 4개의 크고 작은 섬으로 이루어져 있어서 '천사의 섬'으로 불려요.

홍도 여행의 알맹이는 유람선을 타고 섬 전체를 둘러보는 건데 섬을 한 바퀴 도는 데는 2시간 30분 정도가 걸려요. 경험 많은 섬 해설사가 홍도의 아름다운 바위를 소개하고 거기에 얽힌 재미난 이야기를 들려주지요. 홍도는 섬 전체가 천연기념물로 지정되어 있어요. 그래서 돌 하나, 풀 한 포기도 섬 밖으로 절대 가지고 나오면 안 돼요.

탐방 문의 홍도 관리사무소 ☎ 061)240-4052

• 홍도에 가면 꼭 가 봐야 할 관광지 10경이 있어요.

환경 가치 사전

5월 10일은 바다식목일

매년 5월 10일은 '바닷속에 해조류를 심는 날'인 바다식목일이다. 2013년에 정부는 바다가 사막화되는 갯녹음을 막고, 건강한 바다 숲을 만들기 위해 바다식목일을 제정하였다. 갯녹음 현상이 심각해지면 바다는 회색빛 사막으로 변한다. 이를 막기 위해 인위적으로 해조류를 심어 바다 숲을 가꾸는 것이다. 해조류는 수산 생물의 먹이가 되고, 알을 낳는 장소나 서식처로 사용된다. 또한 해조류로 인해 광합성이 활발해져 물속 산소량도 많아지기 때문에 바다 생물이 많이 번식할 수 있게 된다. 바다 숲을 만드는데 주로 쓰이는 해조류는 모자반, 감태, 다시마, 잘피 등이다.

해상 국립공원

국립공원은 자연 경치가 뛰어난 지역의 자연과 문화적 가치를 보호하기 위해 정부에서 지정하고 관리하는 공원이다. 그중 바다에 자리 잡은 국립공원을 해상 국립공원이라고 하며, 우리나라에는 2개의 해상 국립공원이 있다. 전라남도 여수시에서 경상남도 통영시 한산도에 이르는 한려수도와 남해도·거제도의 해안 일부를 포함하는 한려 해상 국립공원은 1968년에 지정되었다. 거제, 통영, 사천, 하동, 남해, 여수 오동도 등 6개 지구로 나뉘어 있다.

전라남도 신안군 홍도에서 여수시 돌산읍에 이르는 해안 일대와 크고 작은 400여 개의 섬을 포함하여 지정된 다도해 해상 국립공원은 우리나라 국립공원 중 가장 넓다. 흑산 홍도 지구, 비금 도초 지구, 팔영산 지구 등 8개 지구로 나뉘어 있다.

세계 유산과 세계 유산 협약

세계 유산은 유네스코가 세계 유산 협약에 따라 지정한 역사적 학문적 가치를 지닌 세계적 유산을 말한다.

세계 유산 협약은 유네스코가 1972년 총회에서 채택한 '세계 문화유산 및 자연 유산의 보호에 관한 협약'을 말한다. 유네스코는 1978년 갈라파고스 제도를 세계 문화 및 자연 유산 목록에 첫 번째로 지정하였다.

자연 유산

세계 유산은 그 특성에 따라 문화유산, 자연 유산, 그리고 문화유산과 자연 유산의 특징을 갖춘 복합 유산으로 나뉜다. 이 중 자연 유산은 인간과 환경의 상호 작용을 보여 주는 것으로서, 뛰어난 아름다움을 지녔고 생태학적으로나 생물학적으로 중요한 변화 과정을 겪는 것들이 많다. 또한 다양한 생태계 현장을 지켜 나가기 위해 중요 동식물이 사는 자연 서식지나 멸종 위기에 처한 종들도 많이 포함시키고 있다.

우리나라의 세계 유산

2017년 현재 12곳이 세계 유산에 등재되어 있는데, 이중 자연 유산은 '제주 화산섬과 용암 동굴'이다. 그 외 11곳은 해인사 장경판전, 종묘, 석굴암과 불국사, 창덕궁, 화성, 경주 역사 유적지구, 고창·화순 강화의 고인돌 유적, 조선 왕릉, 한국의 역사 마을(하회와 양동), 남한산성, 백제 역사 유적지구이다.

4. 논과 밭

식물 공장

어이구, 힘들다….

오늘 안에 할 수 있을까?

벼에 물을 더 줄까요?

잘 자라나 프로그램을 볼게.

현대 농부

미래 농부

사람의 손으로 일군 자연, 논과 밭

농사는 매우 중요한 활동이에요. 사람은 농사를 지어서 필요한 식량을 얻어요.

인류는 정착 생활을 시작한 신석기 시대부터 농사를 지었어요. 그전까지는 여기저기 옮겨 다니며 채집 생활을 했어요. 이후 강가나 해안가에 움집을 짓고 살기 시작했고, 집 주변에 특정 식물이 자라는 것을 알게 되었어요. 작물을 직접 재배할 수 있다는 것을 깨달은 거죠. 이것이 '신석기 혁명'이라고 불리는 농사의 시작이에요. 처음에는 조, 수수, 피 등 밭작물을 재배했어요. 청동기 시대로 접어들면서 낮은 습지에서 벼농사를 짓게 돼요. 그러면서 먹을거리가 풍부해지고, 삶이 더욱 안정되었어요.

농사는 환경의 영향을 많이 받아요. 공장에서는 일정한 조건만 만들어 놓으면 1년 내내 똑같은 제품을 생산할 수 있어요. 하지만 농작물은 날씨와 환경 변화에 따라 수확물의 양과 질이 달라져요. 사람이 환경을 마음대로 조정할 수는 없어요. 날씨를 예측할 수는 있지만 바꿀 수는 없지요. 그래도 논과 밭을 건강하게 가꿀 수는 있어요.

무럭무럭 자라는 논

쌀을 주는 고마운 우리 논

논은 가장자리에 둑을 쌓은 뒤 물을 댄 땅이에요. 논에서 기르는 대표적인 농작물로는 벼가 있어요. 벼는 밭에서 재배하기 시작했는데 오늘날에는 대부분 논에서 재배하고 있어요. 벼는 재배하기가 까다로운 작물이에요. 처음에 물이 많이 필요한데 논에 물을 대는 일부터가 간단하지 않아요. 학교 운동장에 발목까지 찰 만큼 물을 채운다고 생각해 보세요.

논에 물을 댄 뒤에도 물 걱정은 계속되어요. 비가 많이 와서 논에 물이 넘쳐도 안 되고, 너무 적게 와서 논이 말라도 안 되니까요. 그뿐인

가요? 모내기를 한 다음부터 이삭이 팰 때까지는 물이 충분해야 하고, 벼 베기를 할 땐 논에 있는 물을 모두 빼내야 해요. 한마디로 벼농사는 물과의 싸움이에요.

이처럼 농사를 짓는 데 필요한 물을 논밭에 대는 일을 '관개'라고 해요. 관개 기술이 발달하지 않았던 옛날에는 자연에 기대어 물을 구해야 했어요. 비 내리는 일은 모두 하늘의 뜻이라고 생각했기 때문에 하늘을 두려워했지요. 가뭄이 들면 온 마을 사람들이 정성을 모아 하늘에 제사를 지냈고, 달을 보며 풍년을 빌었어요. 조선 후기에는 모내기법이 전국적으로 퍼지고 관개 기술이 발달하면서 벼농사가 더욱 확대되었어요.

논에서 논다! 착한 논 생물들

논에는 벼뿐 아니라 수많은 생물들이 논흙이나 논물을 터전으로 논 생태계를 이루고 있어요.

논에서 벼와 함께 자라는 대표적인 식물은 '피'예요. 피는 생김새가 벼와 비슷하지만, 벼보다 빨리 자라고 심지어 벼가 자라는 것을 방해해요. 그래서 피를 뽑아내는 게 무척 중요해요.

논 하면 떠오르는 논 생물은 개구리예요. 겨울잠을 자던 개구리가

모습을 드러낸다는 건 농사를 지어도 될 만큼 땅이 녹기 시작했다는 뜻이에요.

논 생물 중에는 농사짓는 솜씨가 좋아서 일꾼으로 뽑힌 녀석들도 있어요. 왕우렁이와 오리가 대표 일꾼이에요. 왕우렁이는 논바닥을 미끄러지듯이 쓸고 지나다니면서 논흙을 고르고 평평하게 만들어요. 어린 피나 잡초의 싹을 먹기도 하고요. 오리들은 논을 이리저리 헤엄쳐 다니면서 물속에 있는 잡풀을 먹고 해충도 잡아먹어요. 열심히 먹고 싼 똥은 논흙을 기름지게 만들지요.

이 밖에도 논흙을 기름지게 만들어 주는 실지렁이, 벼 포기 사이를 돌아다니며 해충을 잡아먹는 늑대거미와 좀잠자리, 흙탕물을 일으켜 잡초가 자라는 걸 막는 풍년새우와 긴꼬리투구새우도 논에서 살아가는 착한 농부들이에요.

꽁꽁 얼어 황량해 보이는 겨울 논도 동물들에게는 매우 중요한 삶의 터전이에요. 철새들은 논에 떨어져 있는 낟알을 주워 먹으며 겨울을 나요. 땃쥐, 고라니, 멧돼지 들도 겨울 논에 찾아와 허기를 채우지요. 논우렁이와 거미는 낟알을 털어 내고 남은 볏짚 속에서 새끼를 낳고 기르며 봄을 기다려요. 이처럼 논은 다양한 동식물에게 삶의 터전이 되는 소중한 우리 땅이에요.

논이 살아야 우리도 산다

우리말에 '밥심'이라는 말이 있는데, 밥심은 밥을 먹고 나서 생기는 힘을 말해요. 밥은 우리의 주식으로, 어른들은 "한국 사람은 밥심으로 사는 거야."라는 말씀을 곧잘 하지요. 그만큼 우리 식생활에서 밥은 참 중요해요.

우리나라의 기후는 여름철에 기온이 높고 비가 많이 내려 벼농사를 짓기에 안성맞춤이에요. 하지만 짧은 시간에 집중적으로 내리는 비 때문에 홍수가 나기도 해요. 홍수나 가뭄으로 인한 피해를 줄이기 위해서 물을 가두는 시설인 댐을 지어요. 댐은 유용하지만 환경적으로 여러 가지 문제가 있어요. 그런데 논은 그 자체로 댐과 같은 역할을 해요. 논둑으로 둘러싸인 논 하나하나가 작은 자연 댐인 셈이에요.

논을 통해 땅속으로 스며든 빗물은 지하수로 쓰여요. 이때 벼와 논 생물이 정화 작용을 해 주어 수질이 깨끗해지지요. 또한 물이 고여 있는 논은 온도와 습도를 조절하는 역할도 해요. 이처럼 논은 우리가 살기 좋은 환경을 만들어 줘요.

그런데 논이 점차 줄어들고 있어요. 2005년부터 2015년까지 10년 사이에 18.5퍼센트나 줄었어요. 1985년과 비교하면 약 35.4퍼센트 줄었고요. 식생활이 바뀌면서 쌀 소비량이 줄어 벼 재배가 줄었기 때문이에요.

1985년에는 국민 한 사람이 1년에 쌀 128.1킬로그램을 먹었는데, 2016년에는 절반도 안 되는 61.9킬로그램을 먹었어요. 하루 섭취량으로 따지면 169.5그램으로 하루에 밥 두 공기도 먹지 않은 셈이에요.

슬로시티 청산도, **구들장 논**

청산도는 전라남도 완도군 청산면에 딸린 섬으로 2007년에 슬로시티로 지정된 아름다운 마을이에요. 슬로시티는 이탈리아에서 시작된 운동으로 자연 속에서 전통과 문화를 잘 보호하며 느리게 살아가는 마을이라는 뜻이에요. 청산도의 전통 농업 방식의 하나인 구들장 논은 한옥의 온돌 난방 방식을 논에 적용한 것으로, 아래쪽에 물이 빠져나가는 길을 만들고 그 위에 돌을 쌓은 다음 다시 흙을 덮어서 만들어요. 돌이 많고 흙과 물이 적은 섬에서 벼농사를 짓기 위해 고안한 특별한 농업 방식이지요. 구들장 논은 2013년 국가중요 농업유산 1호로 지정되었고, 2014년에는 유엔식량농업기구로부터 세계중요 농업유산으로 뽑혔어요.

탐방 문의 완도군 관광 안내소 ☎061)550-5151~3

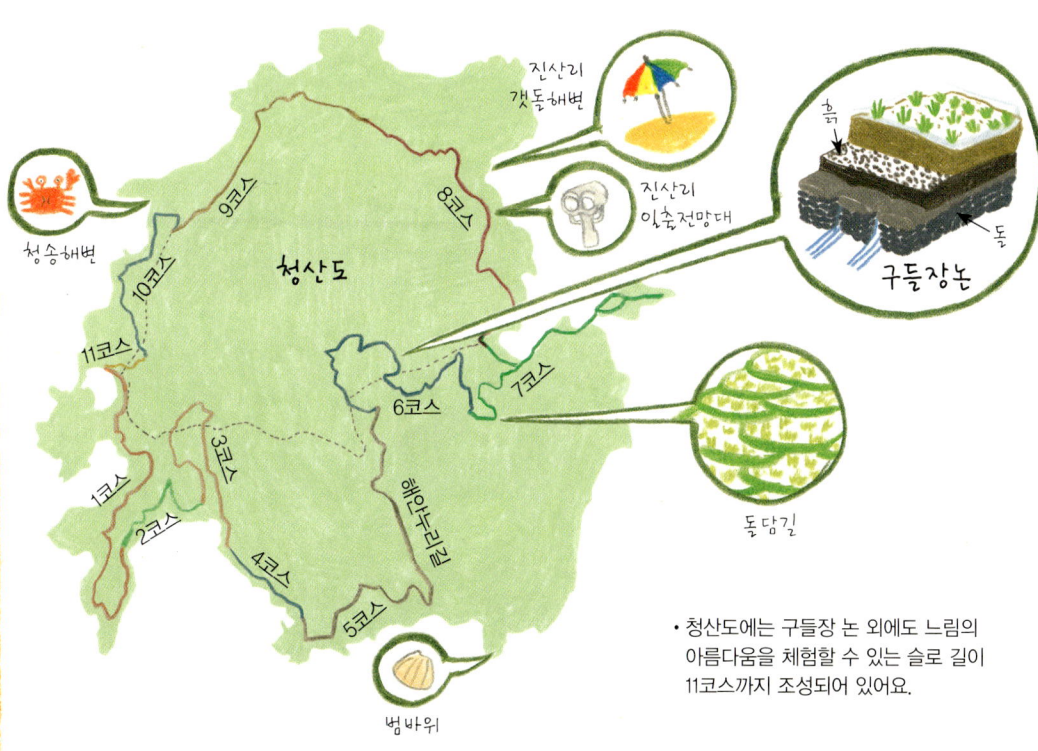

• 청산도에는 구들장 논 외에도 느림의 아름다움을 체험할 수 있는 슬로 길이 11코스까지 조성되어 있어요.

주렁주렁 열리는 밭

심은 대로 거두는 정직한 땅, 밭

인류 최초의 산업은 농업이에요. 농업은 인간 생활을 풍요롭게 하기 위한 최초의 생산 활동이죠. 밭은 농업이 처음 시작된 장소예요.

밭에서 거두는 농작물을 통틀어서 밭작물이라고 해요. 우리가 먹는 대부분의 곡식과 채소가 밭작물에 속해요. 가축의 먹이로 쓰기 위해 재배하는 작물, 정원을 가꾸기 위해 기르는 원예 식물도 밭작물에 속하고요. 이 밖에 옷감, 설탕, 차와 같은 가공품의 원료를 얻기 위해 기르는 작물도 밭작물이에요.

봄에 모를 심어 가을에 거두는 논농사와 달리, 밭농사는 사계절 내내 심고 거두기를 반복해요. 배추는 봄에 한 번, 가을에 한 번 심어서 두 번 길러 먹어요. 봄철에 심어서 먹는 배추를 봄배추, 겨울에 김장을 담그기 위해 가을철에 가꾸는 배추를 가을배추라고 하지요. 무도 마찬가지라 김장에 쓸 무는 가을무라고 따로 이름이 있어요. 이처럼 밭농사는 재배 기간이나 재배 시기가 다른 여러 농작물을 효율적으로 심고 가꿀 수 있는 것이 장점이에요.

건물에 깔리고 도로에 밀려 사라지는 밭

100년 전에는 우리나라 인구의 85퍼센트가 농사를 지었어요. 나라에서는 농업을 중심으로 정책을 세웠고, 농사짓는 땅과 농민을 가장 큰 재산으로 여겼지요.

하지만 산업의 중심이 농업이 아닌 공업, 제조업, 서비스업 등으로 옮겨 가면서 여러 가지가 달라졌어요. 우선 농업 인구가 많이 줄었어요. 1995년에는 인구 100명 당 11명이 농업 인구였는데, 2015년에는 전체 인구 중 농업 인구가 100명 당 5명으로 조사되었어요. 게다가 농업 인구의 평균 연령은 점점 고령화되고 있어요.

농사지을 땅도 계속 줄고 있어요. 2005년에는 우리나라 국토의

18.3퍼센트가 농지였는데, 2015년에는 16.7퍼센트로 조사되었어요. 10년 사이에 서울시와 부산시를 합한 만큼의 농지가 감소한 거예요. 농사짓던 땅을 건물과 도로를 짓는 데 내어 준 결과이지요.

전 인류에게 닥칠 재앙, 식량 전쟁

세계 곳곳에서는 식량을 구하기 위해 국가 간에 치열한 경쟁이 벌어지고 있어요. 그야말로 식량 전쟁이죠. 자국민에게 필요한 식량을 스스로 생산할 수 있으면 문제가 없지만 그렇지 못한 나라들이 많거든요. 농업이 쇠퇴하면서 식량 자급률이 떨어지는 나라들은 다른 나라에 의존해 식량을 구하고 있어요. 주변에 먹거리를 수입해 올 나라가 많아 식량이 풍부할 때는 문제가 없지만, 식량이 귀해지면 이를 무기 삼아 갑자기 값을 올리거나 공급량을 제한하는 일이 벌어지기도 해요.

실제로 1976년에 세계 여러 나라에 곡물을 수출하는 한 기업이 콩고민주공화국에 밀 수출을 중단하는 바람에 그 나라가 식량난을 겪었어요.

쌀이 주식이지만 밀 섭취량이 점점 늘고 있는 우리나라에서도 일어날 수 있는 일이지요. 우리나라의 경우 2015년에 식량 자급률이 50.2퍼센트였어요. 우리 국민이 한 해 동안 먹는 식량 중에 절반을 국내에

서 생산한다는 뜻이에요. 그런데 사료용을 포함한 곡식류의 자급률은 23.8퍼센트밖에 되지 않아요. 이 중 쌀은 100퍼센트 자급이지만 보리, 콩, 옥수수, 밀 등의 자급률은 매우 낮아요. 특히 밀의 자급률은 1.2퍼센트밖에 되지 않아요. 그러다 보니 99퍼센트를 수입하는 밀의 가격이 조금만 올라도 빵, 과자, 국수 등의 가격은 오르게 돼요. 밀 수입이 중단될 경우 문제는 더욱 심각해지지요.

주식인 쌀도 소비량이 계속 감소하면 결국 쌀 자급률도 떨어지게 될 거예요. 1975년에는 96퍼센트였던 보리의 자급률이 2015년에는 23퍼센트로 감소한 것만 보아도 알 수 있어요. 자급률이 낮은 곡식은 수입에 의존할 수밖에 없는데 수입 가격이 오르면 곧바로 식량 전쟁이 벌어져요.

이런 끔찍한 상황을 맞지 않으려면 다른 나라에 기대지 않고 국내에서 필요한 식량을 생산하는 식량 자급률을 높여야 해요. 그러기 위해서는 여러 가지 노력을 해야겠지만 먼저 농업 시스템을 갖추고, 농부들이 농업을 포기하지 않게 정책적인 지원을 해 주어야 해요.

보릿고개의 멋진 변신, 고창 청보리밭

우리나라는 1950년대까지만 해도 5월과 6월은 참 먹고살기 힘든 시기였어요. 지난해 가을에 수확한 양식은 바닥이 나고, 보리는 미처 여물지 않아서 하루 한 끼 먹을거리도 없었어요. 햇보리가 나올 때까지의 이 시기를 넘기 힘든 고개라는 뜻으로 보릿고개라고 불렀어요. 보리는 보릿고개를 겪은 어른들에게는 보기만 해도 눈물이 핑 도는 마음 아픈 곡식이에요. 이런 보리가 오늘날에는 건강식으로 대접받게 되었고, 청보리가 자라는 너른 들판 풍경은 훌륭한 관광 자원이 되었지요.

전라북도 고창군 공음면에 있는 청보리 농장에서는 해마다 4월 중순, 보리 이삭이 패기 시작할 때 청보리밭 축제를 열어요. 축제 때 가면 보리밭 사잇길도 걷고, 보리 줄기로 만든 보리 피리도 불 수 있어요. 보리밥, 보리떡, 보리뻥튀기 같은 음식도 맛볼 수 있어요.

축제 문의 ☎ 063)564-9897

• 매년 청보리밭 축제가 열리는 고창 청보리밭이에요.

환경 가치 사전

식량 자급률

한 나라가 소비하는 식량 중에서 사료용을 제외하고 국내에서 생산되어 공급되는 양이 얼마나 되는지 나타내는 비율이다. 우리나라의 식량 자급률은 1975년 79.1퍼센트에서 2015년에는 50.2퍼센트로 크게 감소하였다. 사료용 곡물을 포함하는 곡물 자급률은 1975년 73퍼센트에서 2015년 23.8퍼센트로 감소하였다.

세계 식량 안보 지수

식량 안보란 인구 증가, 자연재해, 전쟁 등의 긴급한 상황에 대비해 항상 얼마간의 식량을 비축해 두는 것을 말한다. 세계 식량 안보 지수는 해마다 다섯 가지의 평가 지표를 기준으로 각 나라의 식량 안보 수준을 평가하여 점수로 나타낸 것이다. 다섯 가지 평가 지표는 구입 능력, 공급 능력, 품질과 안전, 식량 손실, 비만도이다. 이 중에서 비만도와 식량 손실은 2014년부터 추가된 지표로, 비만도는 소비되는 에너지에 비해 너무 많은 에너지를 섭취하는 것이고, 식량 손실은 식량을 수확한 후 소비하기 전까지 손실되는 양을 보는 것이다.

2015년 우리나라의 식량 안보 지수는 74.8점으로 조사 대상에 속한 109개 나라 중에서 26위였다. 1위는 미국(89점), 2위는 싱가포르(88.2점)이다.

도시 농업

도시에 마련된 작은 규모의 농장에서 농사를 짓는 활동을 말한다. 도시 곳곳에 있는 자투리땅을 활용하여 농사를 지음으로써 필요한 농작물을 얻을 뿐만 아니라 공기 정화, 도시 온난화 방지 등 환경적으로도 도움을 받을 수 있다. 오늘날에는 빌딩이나 주택의 옥상, 길가에 있는 빈 땅에 유용한 식물을 재배하는 등 도시 농업의 범위가 넓어지고 있다.

쿠바의 성공적인 도시 농업, 아바나

쿠바의 수도 아바나는 도시 농업이 성공적으로 이루어진 곳이다. 쿠바는 이웃 나라에서 석유를 들여오고, 자기 나라에서 생산되는 설탕을 팔면서 나라의 경제를 유지해 나갔다. 그러다가 1980년대 말, 주변 국가들의 상황이 바뀌면서 설탕 값은 떨어지고 석유 값은 크게 오르며 심각한 상황이 되었다. 석유값이 오르자 석유를 가공해서 만드는 화학 비료나 농약도 만들 수 없게 된 것이다.

쿠바 사람들은 위기를 헤쳐 나갈 방법을 고민했고, 그 결과 도시 농업과 유기농이라는 해답을 얻었다. 화학 비료와 농약을 사용하지 않고 오직 땅의 힘과 천적, 생태계의 원리에 기대어 농사를 지었다.

굶주림에 시달리던 도시 사람들은 자투리땅에 텃밭을 일구어 옥수수를 비롯한 채소를 기르기 시작했다. 도시 농업은 순식간에 아파트 화단, 베란다, 고층 건물 옥상으로 번져 나갔다.

5. 갯벌과 늪

조개의 여왕 백합, 레드카펫을 밟다!

백합과 맹꽁이가 상을 받은 까닭

사람이 아니라 자연에게 상을 주는 단체가 있어요. 단체의 이름은 '풀꽃세상을 위한 모임'이고 상 이름은 '풀꽃상'이에요. 2000년에 전라북도 부안군 하서면 해창 갯벌에서 다섯 번째 풀꽃상 시상식이 열렸어요. 상을 받은 주인공은 반들반들한 껍데기에 또렷한 갈색 줄무늬를 가진 예쁜 조개, 새만금 백합이었어요. 백합에게 풀꽃상을 준 까닭은 앞으로도 오랫동안 갯벌에서 살아가기를 바라는 마음 때문이에요. 하지만 안타깝게도 지금 새만금에서는 백합을 볼 수가 없어요. 백합이 살던 자리에는 33.9킬로미터의 새만금 방조제가 들어섰고, 바다와 갯벌을 메우는 공사가 한창 진행되고 있지요.

2009년에는 인천시 계양산 소나무 숲에서 시상식이 열렸어요. 풀꽃상을 받은 주인공은 맹꽁이예요. 맹꽁이에게 상을 준 이유는 수도권 최대 양서류 서식지인 계양산에 골프장을 지으려는 계획을 막을 주인공이기 때문이에요. 골프장을 지으면 멸종 위기에 처한 맹꽁이를 더 이상 볼 수 없게 되거든요. 몇 년 후 결국 골프장을 짓는 계획은 폐지되었어요. 맹꽁이가 계양산을 지켜 낸 거예요.

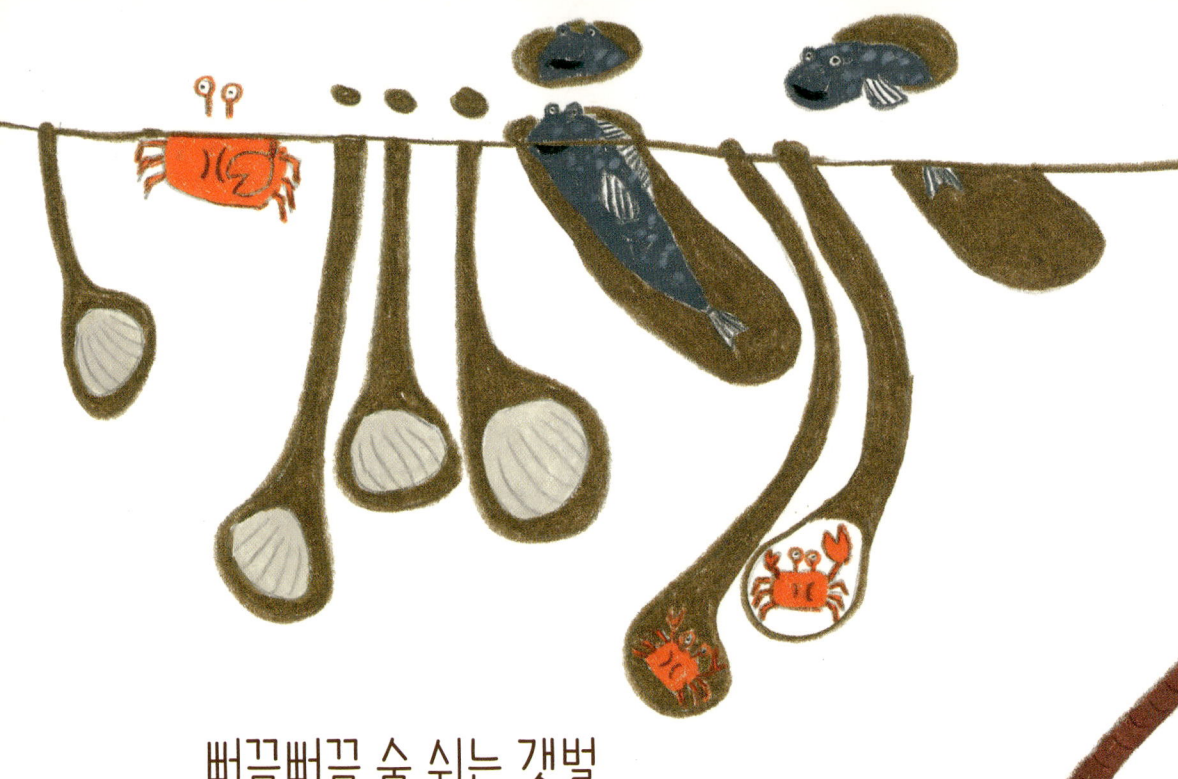

뻐끔뻐끔 숨 쉬는 갯벌

세계 5대 연안 습지에 든 우리 갯벌

갯벌은 우리나라 전체 면적의 3퍼센트를 차지하는데, 그중 83퍼센트가 서해안 갯벌이에요. 서해안 갯벌은 유럽 북부 연안, 캐나다 동부 연안, 남미의 아마존 유역 연안, 미국 동부 조지아 연안과 함께 세계 5대 연안 습지에 속하는 귀한 곳이에요. 강이나 호수, 바다를 따라 잇닿아 있는 육지를 연안이라고 해요. 세계에서 다섯 손가락 안에 드는 습지가 우리 땅에 있는 거예요.

독일과 네덜란드의 바덴 해에 있는 갯벌은 갯벌 가운데 유일하게 유네스코 세계 자연 유산으로 지정된 곳이에요. 그런데 바덴 해보다 우리 갯벌에 서식하는 생물 종이 4.3배나 많아요. 특히 저어새, 흑두루미, 노랑부리백로 등 전 세계적으로 멸종 위기에 처한 물새의 절반이 우리나라의 갯벌에서 살아가고 있어요.

갯벌은 하루에 두 번, 어떤 곳은 하루 한 번씩 문을 열어요. 바닷속에 몸을 숨겼다가 다시 밖으로 나오지요. 바다 밖으로 나올 때에는 온갖 갯벌 생물이 함께 모습을 드러내요.

갯벌 모래 속에 숨어 눈자루만 빼꼼 내밀고 있는 흰발농게, 2미터가 넘는 긴 몸으로 진흙 속에 길을 내는 흰이빨참갯지렁이, 갯벌 바닥을 훑고 다니며 유기물을 먹고 깨끗한 흙을 토해 내는 짱뚱어 들은 대표적인 갯벌 생물이에요.

갯벌이 열리면 마침 근처를 지나던 도요새, 물새 떼가 만찬을 즐기기 위해 모여들어요. 물고기를 잡거나 갯벌 생물을 잡으며 살아가는 어부들도 이 틈을 놓치지 않지요. 우리 밥상에 올라오는 해산물 가운데 3분의 2는 갯벌이나 바다 습지에서 얻는 것이에요. 그래서 갯벌을 '미래의 밥상'이라고 부르기도 해요.

신통방통 갯벌은 하는 일도 가지가지

'미래의 밥상' 말고 갯벌을 부르는 별명이 또 있어요. 바로 '자연의 콩팥'이에요. 왜 콩팥이냐고요? 우리 몸에서 불필요한 물질을 걸러서 몸 밖으로 내보내는 역할을 하는 콩팥처럼, 갯벌이 자연에 있는 나쁜 물질을 걸러 내는 역할을 하기 때문이에요.

산에서 내려와 강을 거쳐 바다로 흘러 들어가는 물에는 자갈과 흙, 모래를 비롯해 여러 가지 물질이 섞여 있어요. 우리나라는 바다 주변에 도시와 산업 시설이 모여 있어서 오염 물질이 바다로 흘러가게 될 위

험이 높아요. 그런데 갯벌 생물들과 눈에 보이지 않는 미생물이 청소부 역할을 해 줘요.

　갯벌은 태풍이나 해일로 인한 피해도 줄여 줘요. 태풍이나 해일이 발생했을 때 바다와 육지 사이에 자리 잡은 갯벌이 그 충격을 흡수하여, 육지로 전달되는 힘을 약하게 만들어요. 갯벌은 홍수 피해를 줄이는 데도 도움이 돼요. 고운 모래와 진흙으로 이루어진 갯벌은 마치 스펀지처럼 물을 흡수해 물이 갑자기 넘치는 것을 막아 주어요. 또 온실가스를 흡수하는 일도 하지요. 갯벌의 가치는 같은 면적의 농경지보다 100배 높고, 숲과 비교하면 10배 높다고 해요. 시커먼 진흙인 줄만 알았던 갯벌의 숨은 능력, 정말 놀랍지요?

마르고 갈라지고 딱딱해지는 갯벌

　이렇게 쓸모 있고 고마운 땅 갯벌이 점점 죽은 땅으로 변하고 있어요. 곳곳에서 진행되는 간척 사업 때문이에요. 인구가 늘어나고 산업이 발달하면서 사람들은 땅을 더 필요로 하게 되었어요. 건물이나 공장도 더 지어야 하고 농사지을 땅도 필요하고요. 사람들은 바다와 갯벌을 메워 땅을 만들었는데, 이를 간척 사업이라고 해요. 현재 우리나라에서는 '바다의 만리장성'이라 불리는 아주 큰 간척 사업이 진행되고 있어요. 풀꽃상의 주인공 백합이 살았던 새만금 갯벌에 말이죠. 간척 사업으로 서해안 주변에는 세계에서 가장 긴 새만금 방조제가 만들어졌어요. 새만금 간척 사업이 끝나면 서울시 면적의 3분의 2, 여의도 면적의 140배에 이르는 땅이 생겨요. 사람들은 새로 생긴 땅에 건물을 짓고 농사도 지을 거예요. 하지만 그 땅은 백합을 비롯한 갯벌 생물한테 빼앗은 땅이에요. 갯벌로부터 받았던 도움은 이제 기대할 수 없겠지요. 환경을 걱정하는 여러 시민 단체와 지역 주민들이 새만금 사업을 반대했지만 소용없었어요. 그리고 여전히 새만금 간척 사업은 진행되고 있어요.

한 번 망가진 자연은 다시 회복하는 데 엄청난 노력과 시간이 필요하다는 걸 우리 모두 기억해야 해요.

사계절이 아름다운 곳, 순천만 자연 생태 공원

순천만 자연 생태 공원은 넓은 갯벌과 그 주위를 빽빽하게 둘러싼 갈대숲으로 이루어져 있어요. 갈대 군락지 사이에 있는 갈대숲 탐방로를 따라 갈대와 갯벌이 어우러진 아름다운 순천만의 풍경을 감상할 수 있지요. 탐방로를 찬찬히 걷다 보면 순천만이 한눈에 내려다보이는 용산 전망대에 도착하게 돼요. 전망대에 오르면 계절에 따라 옷을 갈아입는 순천만의 모습을 볼 수 있어요. 생태 공원 입구에 있는 자연 생태관에서는 순천만을 터전으로 살아가는 다양한 갯벌 생물에 대해 알 수 있어요. 생태 체험선 프로그램을 이용하면 해설사의 안내를 받으며 순천만 갯벌과 갈대 군락지를 더욱 가까이에서 볼 수도 있답니다.

탐방 문의 순천만 자연 생태 공원 ☎ 061)749-6052

• 순천만 자연 생태 공원은 갈대숲 사이를 걷는 아름다운 탐방로가 1.2킬로미터나 조성되어 있어요.

자작자작 잠기는 늪

늪에 기대어 살아가는 생물들

습지에는 갯벌 말고 늪도 있어요. 호수보다 수심이 얕은 물 웅덩이를 늪이라고 해요. 수심이 보통 3미터 이하라서 햇볕이 늪 바닥까지 내리쬐어요.

울산광역시 울주군 정족산에는 만 년이 넘는 긴 시간 동안 물을 머금고 생물을 보듬어 온 무제치늪이 있어요. 무제치늪은 일 년 내내 물이 마르지 않아 풍요로운 습지 생태계를 이루고 있어요. 희귀 식물이자

보호 식물인 끈끈이주걱을 비롯해, 꼬마잠자리, 바구미, 방아깨비, 사슴벌레 등 지금은 보기 힘든 곤충들, 참개구리, 아무르장지뱀과 같은 파충류들이 무리를 지어 살아가요. 이처럼 다양하고 희귀한 생물 종을 볼 수 있는 무제치늪은 그 가치를 인정받아 2007년 12월에 우리나라에서 일곱 번째로 람사르 습지에 지정되었어요.

땅바닥이 우묵하게 패어 있어 늘 물이 괴어 있는 늪은 붕어마름이나 나사말 같은 수중 식물이 자라기에 좋아요. 이처럼 육지나 섬 안에 있는 습지를 내륙 습지라고 해요. 우포늪은 우리나라에서 가장 큰 내륙 습지로 창포, 마름, 자라풀, 가시연꽃, 생이가래 등 160종이 넘는 식물이 살고 있어요. 연못하루살이, 왕잠자리, 장구애비, 소금쟁이처럼 물 위나 물속에서 사는 수서 곤충들에게 늪은 천국과 다름없는 곳이지요.

얼마 전 국립환경과학원은 우리나라에 있는 내륙 습지 세 곳에서 습지 생태에 대한 조사를 했어요. 그 결과 멸종 위기 야생 생물 1급인 산양과 2급인 하늘다람쥐, 삵 등 멸종 위기 종 7종을 발견했어요. 습지가 생태계를 되살리는 데 얼마나 중요한지 알 수 있어요.

언제까지나 지켜져야 할 땅, 습지

늪은 생태적인 가치뿐만 아니라 물을 저장하는 물탱크로써도 매우 중요해요. 늘 물을 머금고 있으니 온도와 습도 조절에 도움이 되고요. 늪과 그 주변에서 살아가는 식물들이 이산화탄소를 흡수하고 산소를 내뿜어 공기를 맑게 해 줘요. 늪은 환경을 깨끗하게 만드는 정수기, 공기 청정기, 산소 발생기 구실을 하는 거예요.

1997년, 우리나라 최초로 람사르 습지로 지정된 용늪은 해발 1천 300미터가 넘는 대암산 꼭대기 부근에 있어요. 용늪은 다른 습지와 달리 이탄층이라는 독특한 지층이 있는데, 이탄층은 죽은 식물이 완전히 썩지 않고 진흙과 함께 늪이나 연못의 물 밑에 쌓여 있는 것을 말해요. 이탄층은 탄소 저장 효과가 뛰어나 공기를 깨끗하게 해 주어요.

우포늪은 1970년대에 농지를 얻기 위해 제방을 쌓으면서 면적이 많이 줄었어요. 그 뒤에도 우포늪을 완전히 메우려고 했고, 쓰레기 매립장으로 만들려고도 했어요. 하지만 우포늪을 지키려는 사람들의 노력 덕분에 우포늪은 1997년 7월, 자연생태계 보전지역으로 지정되었어요. 이듬해에는 람사르 습지로 지정되어 오늘날의 모습을 갖게 되었고요.

이밖에도 제주도의 물장오리 오름과 물영아리 오름이 람사르 습지로 지정되었고, 강화 매화마름 군락지, 오대산 국립공원 습지, 태안 두웅 습지, 신안 장도 산지 습지 등 우리 땅 곳곳에 습지가 있어요.

우리 땅 지키는 일에 앞장선 사람들

우리 습지를 보호하고 지키기 위해 노력하는 많은 사람들이 있어요. 그중에서 '한국 내셔널트러스트'의 활동이 눈에 띄어요. 내셔널트러스트는 시민들 스스로 성금이나 기부금을 모아서 사라질 위기에 처한 자연환경이나 문화유산을 지키는 활동을 하는 단체예요. 1895년 영국에서 시작된 내셔널트러스트 시민운동 단체는 현재 세계 30여 개 국가에서 활동하고 있어요.

한국 내셔널트러스트는 2002년 강화 매화마름 군락지를 시작으로 2009년에는 청주 원흥이방죽˙ 두꺼비 서식지, 2012년에는 예천군 내성천 범람원˙ 등 세 곳의 습지를 보전 지역으로 확보했어요. 그중 강화

- **산지 습지** 산기슭에 있는 습지.
- **원흥이방죽** 청주시 원흥이 마을에 있는 작은 웅덩이.
- **범람원** 하천이 넘쳐서 만들어진 평야.

매화마름 군락지는 2008년 10월에 우리나라 논 습지로는 처음으로 람사르 습지로 지정되었지요. 만약 한국 내셔널트러스트가 나서지 않았다면 세계적으로도 가치 있는 소중한 논 습지 한 곳이 사라질 뻔했어요.

갯벌과 늪은 우리 땅 가운데 가장 어둡고 가장 조용해요. 반면 생태계의 밑바탕을 이루는 중요한 곳이고, 해양 생물의 60퍼센트가 알을 낳고 살아가는 시끌벅적한 곳이기도 해요. 지금 이 순간에도 갯벌과 늪에는 수많은 동식물이 숨 쉬고 먹고 움직이며 살아가고 있어요. 그 덕분에 우리도 이렇게 살고 있다는 걸 기억해야 해요.

국내 최대의 내륙 습지, 창녕 우포늪

우포늪은 공룡이 살았던 1억 4천만 년 전의 호수가 늪으로 변한 거예요. 늪은 호수에서 육지로 변해 가는 중간 단계의 습지예요. 우포늪은 우포, 목포, 사지포, 쪽지벌 이렇게 네 개의 늪으로 이루어져 있어요. 그중 우포가 가장 넓어요. 사람들이 가장 많이 이용하는 코스는 우포늪 생태관 쪽에서 출발해 우포늪 전망대에 올라가서 전체를 조망하고, 쪽지벌 바로 옆에 있는 사초군락까지 보고 돌아오는 길이에요. 늪에는 생이가래와 개구리밥처럼 익숙한 식물부터 마름, 창포, 선버들처럼 평소에 보기 힘든 식물들이 많이 있으니 안내판에 붙어 있는 사진과 실제 식물의 모습을 비교하면서 천천히 감상하는 것도 좋아요.

탐방 문의 우포늪 사이버 생태 공원 ☎ 055)530-1551

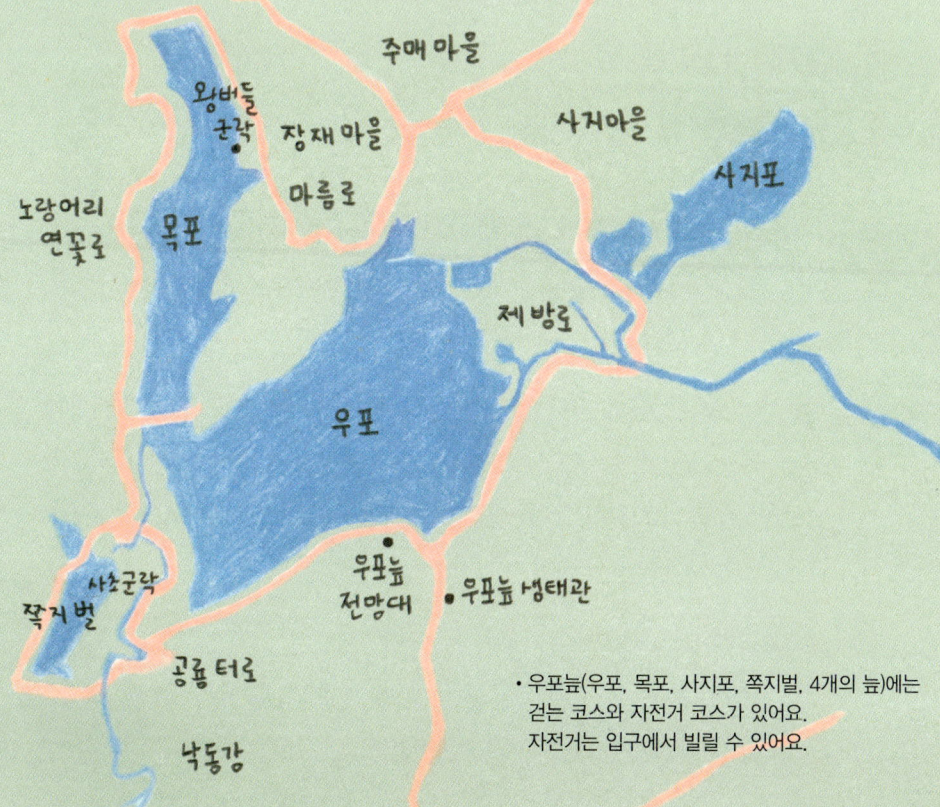

- 우포늪(우포, 목포, 사지포, 쪽지벌, 4개의 늪)에는 걷는 코스와 자전거 코스가 있어요. 자전거는 입구에서 빌릴 수 있어요.

환경 가치 사전

람사르 협약

습지를 보호하고 다가올 미래까지 오랫동안 지속시키기 위한 국제 조약으로, 공식 명칭은 '물새 서식지로서 특히 국제적으로 중요한 습지에 관한 협약'이다. 1971년 2월 2일, 이란의 해안 도시 람사르에서 18개 나라가 모여 협약을 맺었고, 1975년 12월 21일부터 효력을 발휘하였다. 우리나라는 1997년에 101번째로 람사르 협약에 가입했다.

우리나라의 람사르 습지

습지는 만들어진 방법과 환경에 따라 연안 습지, 내륙 습지, 인공 습지로 나뉜다. 우리나라에는 1997년 3월 28일 국내 최초로 람사르 습지로 등록된 대암산 용늪을 비롯해 2018년 현재 모두 22곳이 람사르 습지로 등록되어 있다. 이 가운데 15곳은 내륙 습지, 7곳은 연안 습지이다.

내륙 습지

대왕산 용늪, 우포늪, 신안 장도 습지, 제주 물영아리오름 습지, 무제치늪, 두웅 습지, 제주 물장오리오름 습지, 오대산 국립공원 습지, 강화 매화마름 군락지, 제주 1100고지 습지, 제주 동백동산 습지, 고창 운곡 습지, 한반도 습지, 제주 숨은물뱅듸, 순천 동천하구.

연안 습지

신안 증도 갯벌, 고창 갯벌, 서천 갯벌, 부안 줄포만 갯벌, 보성 벌교 갯벌, 순천만 갯벌, 무안 갯벌.

논습지 결의안

2008년 경상남도 창원에서 '제10차 람사르 총회'를 개최했으며, 이때 인공 습지인 논도 람사르 보호 습지에 포함시키는 논습지 결의안이 채택되었다.

세계 습지의 날

국제 습지 협약의 내용과 습지의 가치, 습지의 중요성을 인식시키기 위해 람사르 협약이 맺어진 2월 2일을 '세계 습지의 날'로 정하여 지키고 있다.

내셔널트러스트 운동

1895년 영국에서 시작된 내셔널트러스트 운동은 보존 가치가 높은 자연환경과 문화유산을 시민들 스스로 지켜 내는 운동이다. 우리나라에서는 1990년대 중반, 그린벨트 해제에 반대하면서 본격적인 활동을 시작하였다. 내셔널트러스트 운동은 시민들의 자발적인 성금 모금을 통해 자연환경과 문화유산을 지켜 낸다는 점에서 의미가 크다. 그렇기 때문에 방법이나 절차 등의 이유로 국가나 개인이 보호하지 못하는 자연환경이나 문화유산까지 보호 대상에 포함시킬 수 있다. 내셔널트러스트 운동을 통해 보호 대상으로 지정되면 시민들이 자율적으로 관리와 운영에 참여한다.

6. 길과 다리

두꺼비 순찰대가 떴다!

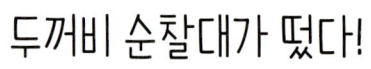

이어진 길, 끊어진 길

　동물들은 먹이를 찾거나 짝짓기를 하기 위해, 또는 새끼나 알을 낳기 위해 이동해요. 때로는 천적을 피해서 달아나기도 하고요. 동물에게 이동은 삶과 죽음을 결정짓는 중요한 문제예요.

　그런데 사람들이 동물들의 이동을 방해하고 있어요. 구불구불한 산길을 빨리 지나가기 위해서 터널을 뚫어요. 물의 흐름을 조절하기 위해 물속에 보를 세우고요. 강과 바다를 건너기 위해 육지를 잇는 큰 다리를 세우지요. 다리에는 화려한 조명을 밤새도록 밝혀 놓기도 해요. 이 모든 것이 동물들의 길을 끊고 이동을 막아요.

　우리는 앞에서 산과 숲, 강과 호수, 바다와 섬, 논과 밭, 갯벌과 늪 등 소중한 우리 땅을 살펴보았어요. 우리 땅 곳곳을 이어 주는 것이 바로 길과 다리예요. 길을 통해 우리 집과 옆집이 이어지고, 우리 마을과 이웃 마을이 이어져요. 도시와 도시가 이어지고, 나라와 나라도 이어지지요. 사람들은 길과 다리를 통해 만나고 관계를 맺으며 함께 살아가요. 국토 곳곳을 더 쉽고 빠르게 잇기 위해 만드는 길과 다리. 그런데 그 길과 다리가 다른 한편에서는 이동과 관계, 균형과 조화를 끊고 있지 않은지 생각해 보아야 해요.

여기저기 뻗은 길

나와 너, 이쪽과 저쪽을 잇는 길

사람이나 자동차가 지나갈 수 있게 땅 위에 낸 일정한 너비의 공간을 길이라고 해요. 길은 땅 위에만 있는 것이 아니라 땅속, 바다, 하늘에도 있어요. 우리가 일상생활에서 가장 많이 이용하는 길은 땅 위에 있는 길이에요. 우리는 날마다 땅 위를 걷거나 자전거, 자동차, 열차 등의 탈것을 이용해 이곳저곳으로 이동해요.

우리 땅의 길이 가장 큰 변화를 겪은 시기는 일제강점기예요. 자동차가 다닐 수 있을 만큼 넓게 새로 낸 길을 '신작로'라고 하는데, 이 말이 처음 생긴 때가 바로 일제강점기예요. 당시 일본은 곡식이 많이 재배되는 평야 지대나 항구 도시에 무려 741킬로미터에 달하는 신작로를 만들었어요. 그런데 그 길을 통해 국민들이 애써 농사지은 곡식과 힘들게 잡아 올린 고기들이 일본인들 손으로 들어갔어요. 게다가 일본은 자기들이 길을 만들어 준 덕분에 우리나라 경제가 더 빨리 성장할 수 있었다는 주장까지 펴고 있지요.

우리나라는 인구에 비해 국토가 좁은 편이에요. 게다가 국토의 70퍼센트가 산이라서 쓸 수 있는 공간은 부족하지요. 좁은 국토를 효율적으로 이용하기 위해서 국토 종합 개발을 시작했어요. 1972년부터 1881년까지 10년 동안 제1차 국토 개발 사업을 진행하면서 본격적으로 도로를 만들었어요.

국토 개발은 전국 방방곡곡을 빠르게 연결함으로써, 사람과 자원이 효율적으로 이동할 수 있게 해 주었어요. 이동 시간이 줄어든 만큼 더 많이 일하고, 연료를 아낄 수 있게 되었고요. 하지만 국토 개발은 다른 쪽에서 보면 국토를 망가뜨리는 일이기도 했어요. 고속도로, 터널, 댐 등을 짓느라 그곳에 살던 사람들은 논밭 등 삶의 터전을 잃게 되었거든요. 개발 보상금이 주어지기는 했지만, 고향을 떠나야 하는 사람들의 마음은 달랠 수가 없었죠. 사람들과 더불어 살던 동식물은 아무런 보상도 받지 못한 채 보금자리에서 쫓겨났어요.

길 때문에 끊어진 생태계

산업이 발달하고 도시 인구가 늘어나면 살 집이 많이 필요해요. 대도시 주변에는 도시로 출퇴근하는 사람들을 위한 주거지가 형성되지요. 주거지를 좀 더 편리하고 효율적으로 만드는 게 신도시 건설 계획이에요. 그러나 인간 중심으로만 개발하는 도시 건설 계획은 생태계에 심각한 부작용을 가져오지요.

1996년, 폴란드 정부는 로스푸다 강과 계곡을 가로지르는 고속도로 건설을 계획했어요. 로스푸다 지역은 멸종 위기에 처한 수생 솔새를 비롯해 다양한 동물이 살고 있는, 세계에서 가장 중요한 야생동물 서식지 가운데 하나였어요. 이 소식을 들은 폴란드의 젊은이들은 한 신문사와 함께 신문, 인터넷 사이트, 블로그 등을 이용해 이 계획이 잘못되었음을 알리는 데 앞장섰어요. 결국 유럽 연합은 폴란드가 야생 동물의 서식지에 고속도로를 건설하지 못하도록 공사 중지 명령을 내려 달라며 유럽 사법 재판소에 요청했어요. 유럽 법원은 고속도로 사업을 중단하라고 결정했고, 폴란드 정부는 2009년 10월에 고속도로 구간 전체의 경로를 변경하기로 했어요.

우리나라에서도 이와 비슷한 일이 종종 일어나요. 그때마다 한쪽에서는 지역의 발전, 국민들의 편리한 생활, 효율적인 국토 사용 등을 내세워 생태계 훼손은 어쩔 수 없는 문제라고 말해요. 하지만 다른 한쪽에서는 개발을 통한 이익보다 환경 파괴가 가져올 손실이 더욱 크다고 맞서지요. 이런 대립은 앞으로도 풀리지 않을 거예요. 하지만 단지 인간만을 생각하는 개발은 결국 인간에게도 해가 될 수 있다는 경고가 여기저기에서 나타나고 있어요.

동물을 위한 작은 배려, 생태 통로

'로드킬'은 동물이나 곤충이 도로에 나왔다가 지나가는 자동차에 치어 죽는 사고를 말해요. 동물들이 당하는 교통사고인 셈이지요.

로드킬의 책임은 인간에게 있어요. 로드킬이 발생하는 장소는 원래 동물들의 서식지였어요. 그런 곳에 도로, 댐, 터널 등이 만들어지고, 그 사실을 알 리 없는 동물들은 먹이를 구하거나 새끼를 낳기 위해 본능적으로 다니던 길로 가다가 도로에 뛰어드는 거예요.

최근에는 버려진 개와 고양이가 도시의 도로에서 로드킬을 당하는

일도 자주 일어나요. 로드킬은 동물들뿐만 아니라 인간에게도 위협이 돼요. 빠른 속도로 달리는 고속 도로에서 갑자기 뛰어든 동물을 피하려다 사고가 나기도 해요. 로드킬을 막으려면 지금이라도 도로, 댐, 터널 등에 동물을 위한 이동 통로를 만들어 주어야 해요. 새로 개발하는 곳은 환경영향평가를 통해 생태계에 미치는 영향을 철저히 조사하고 피해를 최소화하기 위해 생태 통로 등을 체계적으로 만들어야 해요.

　후손들에게 지금보다 더 나은 생활 환경을 만들어 주는 것은 중요한 일이에요. 하지만, 인간과 동물이 조화를 이루며 살아가는 아름다운 자연환경을 물려주는 일이 훨씬 더 중요해요. 자연환경이 훼손되고, 생태계가 파괴되면 결국 인간도 살 수 없으니까요.

멋과 재미가 가득, 괴산 **산막이 옛길**

산막이 옛길은 충청북도 괴산군 칠성면 외사리 사오랑 마을에서 산막이 마을까지 연결된 옛길로, 총 길이는 4킬로미터 정도예요. 주변이 온통 산으로 막혀 있다 해서 산막이 옛길이라는 이름이 붙었고요. 산으로 둘러싸인 안쪽에는 괴산댐 호수가 있어요.

옛길의 멋과 재미를 제대로 느끼려면 무엇보다 천천히 걷는 것이 좋아요. 소나무 동산을 지나갈 땐 콧구멍을 벌름거리며 소나무 향기도 맡아 보고, 토끼와 노루가 목을 축였던 노루샘에서는 '옹달샘' 노래도 불러 보고요. 봄에는 진달래 동산에 활짝 핀 진달래를 눈에 잔뜩 담아 오고, 여름에는 얼음바람골 앞에 서서 차가운 바람에 땀을 씻어내 보세요.

탐방 문의 괴산군청 문화관광과 ☎ 043)830-3114

• 괴산군 산막이 옛길은 어느 곳으로 가도 아름다운 볼거리가 있어요.

이쪽저쪽 잇는 다리

길과 길, 마을과 마을을 잇는 다리

다리는 강이나 바다로 인해 단절된 땅과 땅을 이어 주어요. 또 한쪽의 높은 곳에서 다른 쪽의 높은 곳으로 건너갈 때도 다리를 이용하지요. 다리가 있어서 길은 멈추지 않고 뻗어 나갈 수 있어요.

처음에는 커다란 돌이 다리였어요. 얕은 개울물에 돌을 놓아 밟고

건넌 것이 다리의 시작이었지요. 넓고 깊은 개울에는 일정한 간격으로 듬성듬성 돌을 놓아 징검다리를 만들었어요. 좁은 골짜기에서는 커다란 통나무가 다리 구실을 했어요. 벼락을 맞고 쓰러진 통나무가 그대로 다리가 되거나, 제멋대로 얽혀 자란 덩굴이 이쪽과 저쪽을 잇기도 했어요.

생김새나 재료, 놓는 방법은 달라도 다리를 만든 까닭은 하나예요. 반대쪽으로 건너가기 위해서지요. 길과 마찬가지로 다리의 구실은 이어 주는 거예요. 길이 끊어진 곳, 길을 놓기 힘든 곳, 물길이 가로막은 곳에 다리를 놓아요. 강 건너에 외따로 떨어진 마을이나 섬 사람들에게 다리는 세상과 이어 주는 고마운 시설이지요.

옛날의 다리는 길을 건너는 쓰임 외에도 여러 가지 역할을 했어요. 주로 마을과 마을 사이에 있다 보니 두 마을 사람들의 만남의 장소로 쓰였어요. 거리나 방향을 다리에 표시해서 이정표 역할도 했고요. 생김새가 독특하고 멋스러운 다리는 마을의 상징이자 자랑거리였어요.

오늘날 다리는 길이가 점점 길어져요. 서로 떨어져 있는 두 지역을 이어 경제적인 발전을 꾀할 목적으로 세우는 경우가 많기 때문이지요. 국토를 효율적으로 이용하기 위해 다리를 만드는 것이지요. 배를 타고 강을 건너려면 시간이 많이 걸리고, 배에 탈 수 있는 사람 수나 실을 수 있는 물건도

한계가 있어요. 배는 날씨의 영향도 많이 받지요. 하지만 다리는 날씨와 시간에 구애 받지 않아서 경제 활동에도 영향을 미쳐요. 그래서 많은 돈이 들더라도 다리를 놓아 길을 연결하는 것이에요.

백성들을 돌보는 임금의 마음이 담긴 다리

경기도 안양시 만안구에 있는 만안교는 조선 시대 정조 임금이 아버지 사도세자의 묘소를 참배하기 위해 한양에서 화성까지 가는 길 중간에 놓은 다리예요. 처음에는 백성들이 동원되어 행차 때마다 나무 다리를 임시로 놓았다가 없애고는 했어요. 이 사실을 나중에 알게 된 정조 임금의 명으로 튼튼한 돌다리인 만안교가 세워졌어요. 만안교는 '오랫동안 백성들을 편안하게 해 주는 다리'라는 뜻으로 정조가 직접 지은 이름이라고 해요.

옛날 서울 청계천에서는 해마다 홍수가 나서 백성들이 큰 고통을 겪었어요. 물난리를 피하기 위해 수차례 공사를 했지만 재해를 피할 수 없었어요. 그 어떤 임금보다 백성을 아끼는 마음이 컸던 세종은 과학자 장영실에게, 청계천 물의 양을 잴 수 있는 장치를 만들라고 했어요. 물이 얼마나 늘어났는지 알면 홍수 때 대비할 수 있을 거라고 생각한 것이지요. 그렇게 해서 1441년 물 높이를 측정하는 기구인 '수표'가 세워졌어요. 그리고 옆에 있던 나무 다리를 돌다리로 바꾸어 이름을 수표교라고 했어요.

　역사적인 사건과 관련이 깊은 다리도 많아요. 고려에 대한 충심이 지극했던 정몽주가 이방원의 부하들이 휘두른 철퇴에 맞아 피를 흘리며 죽어 간 선지교가 그중 하나예요. 지금의 개성에 있는 선지교 주변에는 마치 정몽주의 굳은 절개를 상징하듯 대나무가 자라나기 시작해, 그 뒤로 다리 이름을 선죽교라고 바꿔 부르고 있지요.

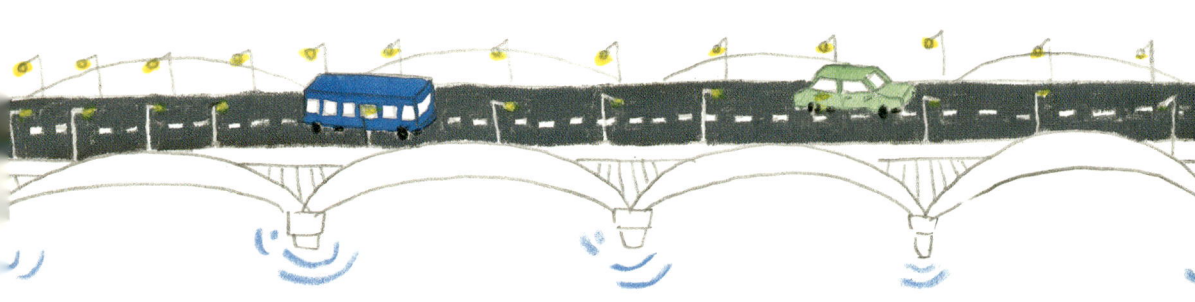

자연과 어우러진 옛 다리

옛날에는 돌, 나무, 흙처럼 자연에서 구할 수 있는 재료로 다리를 만들었어요. 섶다리는 나무와 흙을 이용해서 만든 대표적인 다리예요. 섶다리는 와이(Y) 자 모양의 나무를 거꾸로 박아 다릿발을 세우고, 그 위에 솔가지를 놓은 뒤 흙을 덮어서 만들어요. 돌다리에 비해 약한 섶다리는 임시 다리로 사용했어요. 추수가 끝난 뒤에 마을 사람들이 모여 4~5일에 걸쳐서 만들고, 이듬해 장마가 시작되기 전에 거두어들였지요. 오늘날 우리 생각에는 귀찮고 비효율적인 일로 보이지만, 당시 사람들은 마을의 축제처럼 즐겼어요.

경상북도 영주시 문수면에는 삼면이 내성천으로 둘러싸인 수도리 마을이 있어요. 물에 떠 있는 섬이라 하여 무섬마을이라고 불려요. 이 마을에 현대적인 다리가 놓인 것은 1979년으로, 그전까지는 외나무다리를 건너 뭍으로 나갔어요. 길이가 약 150미터 정도인 외나무다리는 통나무를 반으로 쪼개 이은 것으로, 사람 한 명이 간신히 지나갈 수 있을 만큼 폭이 좁아요. 다리 위를 조심조심 걷다 보면 '원수는 외나무다리에서 만난다'는 속담이 저절로 떠오르지요.

충청북도 진천에는 천 년이나 자리를 지켜 온 돌다리가 있어요. 농다리, 또는 농교라 불리는 이 다리는 돌무더기를 마구 쌓아 놓은 듯 단순하게 생겼어요. 하지만 매우 과학적인 방법으로 돌을 쌓아 만들었기 때문에 오늘날까지 그 모습을 간직하고 있지요. 다리가 물의 흐름을 막지 않고, 자연스럽게 흐르도록 만들어졌어요. 그 때문에 물이 불어 다리가 잠겨도 떠내려가지 않고 그대로 남아 있을 수 있었지요.

발전의 상징이 된 다리

우리나라는 다리 건설 기술이 뛰어나요. 그 수준을 한눈에 볼 수 있는 곳이 한강이에요. 한강에는 독특한 모양새를 가진 30여 개의 다리가 놓여 있어요. 다리마다 다양한 조명이 설치돼 있어 서울의 밤 풍경을 아름답고 화려하게 만들어요.

현재 우리나라에 있는 다리 중 가장 크고 긴 다리는 인천대교로, 총 길이가 21.38킬로미터나 돼요. 마치 바다 위에 놓인 고속 도로처럼 보일 정도예요. 부산과 거제도를 잇는 거가대교 밑에는 세계에서 가장 긴 해저 터널이 있어요. 이 터널은 땅 위에서 콘크리트로 터널을 만든 다음 물속에 넣어 연결하는 방식으로 만들어졌지요.

오늘날의 다리는 이처럼 규모에 있어서 옛 다리와 비교할 수 없는 웅장함을 지니고 있어요. 경제 규모가 커지고 사회가 발전할수록 다리를 많이 만들었어요. 과학 기술이 발전하면서 크고 긴 다리를 놓을 수 있게 되었고요. 그러나 이제는 다시 생태계를 생각해야 할 때예요. 다리

하나가 놓일 때마다 강과 바다, 주변에 살고 있던 동식물은 살 곳을 잃게 되거든요. 재료부터 다리를 놓는 방법까지 자연을 생각하고, 자연과의 어울림을 생각했던 옛 다리의 교훈을 떠올려 보아야 해요.

천 년의 역사, 진천 농다리

진천 농다리는 고려 초기에 고종 임금의 신하인 임 장군이 고향 마을 앞에 놓은, 우리나라에서 가장 오래된 자연석 돌다리예요. 돌을 물고기 비늘 모양으로 쌓아 만든 농다리는 모두 스물여덟 마디로 되어 있으며, 길이는 93.6미터, 폭은 3.6미터예요. 진천 농다리가 천 년 세월 동안 그 자리를 지키고 있는 데는 여러 가지 과학적인 비밀이 있어요.

농다리는 돌을 차곡차곡 쌓아 만들었어요. 다리 밑으로 물이 막힘없이 빠져나갈 뿐만 아니라, 물이 다리까지 차오르더라도 돌 사이의 틈으로 빠져나갈 수 있지요. 또한 돌을 물고기 비늘 모양으로 맞물리게 쌓고 그 사이에 작은 돌을 끼워 놓아서 물에 잠겨도 무너지지 않아요.

농다리 위를 걸으며 돌 하나도 허투루 쌓지 않고 지혜와 정성을 모았던 옛사람들의 마음을 느껴 보세요. 농다리 건너편 산 위에는 농암정이 있는데 이곳에 올라서면 스물여덟 개의 다리를 가진 지네가 꿈틀대는 듯한 농다리의 모습을 한눈에 내려다볼 수 있어요. 또 다리를 건너 용고개 성황당을 지나 반대편으로 내려가면 잔잔한 초평 저수지의 모습도 볼 수 있답니다.

탐방 문의 진천군청 ☎ 043)539-3601~2

- 진천 농다리는 동양에서 가장 오래된 돌다리예요. 멀리서 보면 지네 모양으로 생겼어요.

환경 가치 사전

우리나라 국토 개발 사업

국토 개발 사업이란 도로, 항만, 공항, 주택 단지, 산업 단지 등 사람들이 편리하게 생활하는데 필요한 여러 가지 시설을 국가가 나서서 건설하는 것을 말한다. 고속 국도, 고속 철도와 같은 교통 시설을 짓는 것을 비롯해 신도시나 산업 단지 조성, 댐 건설, 새만금 간척 사업 등이 국토 개발 사업에 해당한다.

우리나라에서는 1963년에 국토 건설 종합 계획법을 제정하고, 1972년부터 '국토 종합 개발 계획'이라는 이름으로 국토 개발 사업을 시행해 왔다. 현재 진행하고 있는 제4차 국토 종합 계획은 2020년까지 추진된다. 정부에서 2011년에 수정 발표한 제4차 국토 종합 개발 계획의 목표 중 하나는 '지속 가능한 친환경 국토'이다. 이 말 속에는 경제 성장과 환경이 조화를 이루고, 에너지와 자원을 절약하는 친환경 국토를 만들어 나가겠다는 의지가 담겨 있다.

지속 가능하다는 것은 지금 우리가 누리고 있는 것을 미래 세대에게도 그대로 물려주기 위해 그 가치를 잘 지켜나가야 한다는 뜻이다.

생태 통로

생태 통로는 도로나 댐, 수중보, 하구언 등을 건설함으로 인해 야생 동식물의 서식지가 단절되거나 훼손되는 것을 막기 위해서 만들어 놓는 시설이나 생태 공간을 말한다.

예를 들어, 야생 동물이 자유롭게 오가며 생활하던 곳에 도로를 건설하면 서식지가 사라지거나 나뉘게 된다. 이것을 막기 위해 도로 위에 터널이나 육교를 설치해, 이동 통로를 만들어 주는 것이다. 우리나라에 처음으로 생태 통로가 설치된 것은 1998년이며, 2015년 말 기준으로 모두 450개의 생태 통로가 설치되었다.

생태 통로는 설치 장소와 목적에 따라 여러 형태로 나뉘는데, 우리나라에 설치된 생태 통로는 대부분 육교형과 터널형이다. 도로의 폭이 넓고 지형이 험한 곳에는 육교형을, 도로 위로 연결할 수 있는 곳이 없거나, 사람이 많이 다니고 지하에 하천이 있는 곳에는 터널형을 설치한다. 최근에는 도로 양편에 기둥을 세우고 폭이 좁은 가로대를 놓는 소규모 생태 이동 통로를 설치한 곳도 있다. 이런 곳은 하늘다람쥐나 청설모처럼 나무 위에서 생활하는 동물들이 이용한다.

● **수중보** 물 속에 설치된 낮은 둑.
● **하구언** 하굿둑. 바닷물 침입을 막기 위해 강어귀 부근에 쌓은 댐.